성경통독을 위한 신개념 지도!

성경 The Bible 2.0 쉬운 지도

오광만 감수 | 편집부 저

성경통독을 위한 신개념 지도!

성경 The Bible 2.0 쉬운 지도

초판 1쇄 발행 2016년 2월 10일
초판 46쇄 발행 2025년 10월 30일

발행처 (주)CMcreative
발행인 이길우
책임 편집 오경희
CG 장유미, 신선영
표지 디자인 송우진
본문 편집 디자인 SONBOM
마케팅 김돈영
제작 지원 정선숙
인쇄 미래피앤피 최영민

등록번호 제387-2012-000039호
등록일자 2012.6.12

주소 경기도 고양시 덕양구 청초로66 덕은리버워크 A819호
전화 032-325-2181(편집부), 032-325-9600(영업부) | 팩스 032-325-3181

ISBN 978-89-97923-12-0

책값은 표지에 있습니다.
잘못된 책은 구입하신 곳에서 교환해 드립니다.

성경2.0 공식 블로그 http://blog.daum.net/cmcm2012 (Daum 블로그 검색 : 성경2.0)

성경통독을 위한 신개념 지도!

성경 The Bible 2.0 쉬운 지도

오광만 감수 | 편집부 저

CM creative

초신자 눈높이에 맞춘 쉬운 지도를 출간하며...

성경을 이해하는 데 지도의 중요성은 아무리 강조해도 지나치지 않을 것입니다. 하지만 많은 성경 지도책을 살펴보면 지도가 복잡해서 이해하기도 쉽지 않고, 내용이 너무 방대하고 전문적이며, 종이가 두껍고, 가격이 너무 비싼 경우가 많았습니다. 아니면 가격은 싸지만 내용이 너무 복잡하고 조잡하든가.

이에 성경을 쉽고 재미있게 전달하기 위해서 고군분투하고 있는 성경 2.0에서는 누구나 부담 없이 구입해서 편하게 볼 수 있는 일반 성도와 초신자용 신개념 지도를 출간하게 되었습니다.

이 책에는 68장의 지도가 있는데, 여기에 웬만한 전문가용 지도책의 중요한 지도는 다 들어가 있습니다. 또한 텍스트의 양과 내용은 성경을 이해하는 데 꼭 필요한 만큼만 넣었고, 이해하기 편하도록 색체를 넣었으며 사건 순서대로 번호를 표시해 간단하게 전체적인 흐름을 이해할 수 있도록 구성했습니다.

지도 크기도 알뜰하게 줄이고, 얇은 종이를 썼으며, 책 두께를 줄여서 누구나 부담 없이 구입해 하나님 말씀에 좀 더 가까이 다가가는 데 도움이 될 수 있게 했습니다.

성경 지도를 이해하는 데 몇 가지 유념해야 할 부분이 있습니다.

1. 학계에서조차 지명의 위치가 정확하지 않은 곳이 너무 많습니다. 대충 짐작으로 이해하는 지역도 많기 때문에 때론 지명의 위치에 너무 엄격할 필요가 없습니다.
2. 지명이 정확지 않으므로 경로도 대략 짐작하는 경우가 많습니다.
3. 동일한 지명이 많고, 한 곳을 여러 가지 지명으로 부르는 경우도 많으며, 외국어다 보니 한 곳의 지명이 발음에 따라 조금씩 다른 경우도 많습니다.

성경 2.0 신개념 지도가 많은 분이 하나님 말씀에 조금이라도 더 다가가는 데 도움이 될 수 있길 바랍니다.

편집부

| 감 수 사 |

성경 사건이 벌어진 현장으로 생생히 인도해줄 지도책

성경은 하나님의 말씀입니다. 동시에 인간의 글이기도 합니다. 성경에 기록된 사건들은 구체적인 시간과 공간 안에서 실제로 발생한 이야기를 다룹니다. 당연히 그 사건이 발생한 그때 그곳으로 가야 그 이야기를 잘 이해할 수 있습니다. 많은 사람이 성경 이야기를 이해하는 데 어려움을 느끼는 이유 중 하나로 성경 이야기가 펼쳐진 상황에 대한 정보가 없다는 것을 들 수 있습니다.

얼마 전에 씨엠 크리에이티브(CM creative)에서 『성경 2.0』을 출판하여 많은 독자가 성경에 쉽게 다가가는 데 도움을 주었습니다. 정말 기쁘고 반가운 일입니다. 이번에는 독자들을 성경 이야기가 벌어진 상황으로 안내하려고 지도를 제작하여 내놓았습니다. 지도는 우리에게 특정 사건이 발생한 지점이 어디인지를 알려주는 역할을 합니다. 성경의 사건이 오랫동안 여러 곳에서 발생한 까닭에 지도 한 장으로는 그 사건이 발생한 지점을 다 표기할 수 없습니다. 그렇다고 사건이 발생할 때마다 그 과정을 알리려 지도를 작성할 수만도 없는 노릇입니다.

『성경 2.0 쉬운 지도』는 이 문제를 해결하면서 초신자들 눈높이에 맞추어 꼭 필요한 지도만을 모았습니다. 『성경 2.0 쉬운 지도』는 단지 지도책만이 아니라 성경의 주요 흐름을 요약 소개한 이야기 성경이기도 합니다. 족장들 이야기부터 신약 시대 사도들의 활동을 다룬 이야기까지 지도 68장에 성경의 전체 흐름을 요약해놓았습니다. 성경을 다이제스트로 읽기 원하는 독자들에게 매우 유용할 것입니다.

지도를 옆에 펴놓고 성경을 읽으면 독자는 저도 모르는 사이에 그때 그곳에서 펼쳐진 성경의 흥미진진한 이야기에 빠져들 것입니다. 감수자로서 참 잘 만들어진 책이라고 확신하면서 적극적으로 추천합니다.

감수자 **오광만** 교수

| 목 차 |

열왕기 상·하, 역대하

느헤미야

신약

4 복음서 외

사도행전 외

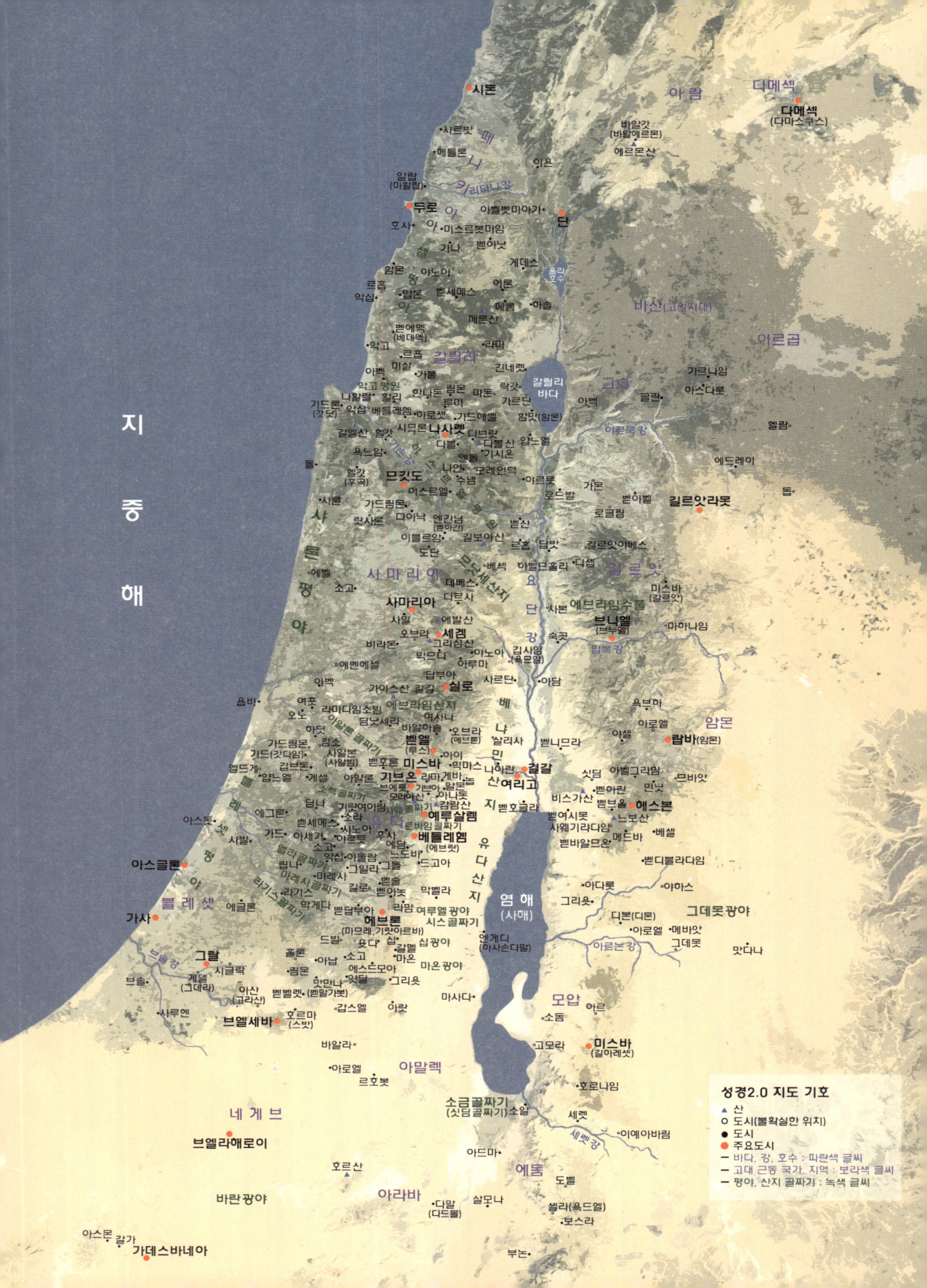

지중해
아람
다메섹
다메섹
(다마스쿠스)
바알갓
(바알헤르몬)
헤르몬산
시돈
사르밧
베니게
헤틀론
이욘
알랍
(마할랍)
리타니강
두로
아벨벳마아가
단
호사
미스르봇마임
가나
벧아낫
게데스
훌라 호수
암몬
야노아
르홉
압돈
벧세메스
이론
악십
메롬
하솔
메론산
바산(고원지대)
벧에멕
(베데멕)
아르곱
악고
라마
르홉
갈릴리
긴네렛
미살
갈릴리 바다
가나
가르나임
악고평원
한나돈
림몬
락갓
그술
아스다롯
가르단
기드론
(갓닷)
갈멜산
나사렛
다볼산
헬람
얍느엘
엔돌
기시온
에드레이
돌
므깃도
이스르엘
아르봇
로드발
벧아벨
돕
길르앗라못
사론
다아낙
엔간님
(벧하간)
길보아산
벧산
이블르암
도단
길르앗아베스
사마리아
베섹
아벨므홀라
야베스
길르앗
요단강
미스바
(길르앗)
사론 평야
소고
데베스
사마리아
사본
에브라임수풀
세겜
그리심산
숙곳
브니엘
(브누엘)
마하나임
에발산
얍복강
아루마
길사함
(옥모함)
아담
실로
에브라임산지
요브하
욥바
아로엘
암몬
벧엘
(루스)
랍바(암몬)
베냐민산지
벧니므라
미스바
기브온
믹마스
길갈
여리고
아벨그라밈
헤스본
느보산
예루살렘
비스가산
베들레헴
(에브랏)
메드바
유다
아스돗
아스글론
블레셋 평야
유다산지
염해
(사해)
가사
헤브론
(마므레, 기랏아르바)
엔게디
(아사손다말)
디본(디몬)
아로엘
아르논강
그데못광야
십광야
마온광야
그랄
브엘세바
마사다
모압
소돔
고모라
미스바
(길하레셋)
아말렉
네게브
소금골짜기
(칫딤 골짜기)
소알
세렛
세렛강
이예아바림
호로나임
브엘라해로이
호르산
아랏
에돔
보스라
셀라(욕드엘)
부논
아라바
다말
(다드몰)
살모나
바란광야
아스몬
갈가
가데스바네아
성경2.0 지도 기호
▲ 산
○ 도시(불확실한 위치)
● 도시
● 주요도시
— 바다, 강, 호수 : 파란색 글씨
— 고대 근동 국가, 지역 : 보라색 글씨
— 평야, 산지 골짜기 : 녹색 글씨

창세기 : 11장 31~12장 9절

노아 때 대홍수가 있은 이후, 노아의 아들 셈의 자손들은 시날 평지 일대에 살았다. 그곳에서 어느 날 사람들이 모여 바벨탑을 쌓기 시작했다. 그것을 본 하나님께서 그들의 언어를 혼란하게 해 서로 말이 통하지 않게 되자 그들은 탑을 쌓는 걸 포기하고 사방으로 흩어진다. 아브라함의 아버지 데라는 갈대아 지방 우르에 살고 있었다. 데라는 아들 아브라함과 아브라함의 아내 사라, 그리고 손자인 롯을 데리고 가나안 땅으로 가던 중 하란에서 죽는다. 하란은 우상 숭배와 죄악이 만연했던 곳인데 하나님께서는 아브라함에게 그곳을 떠나 가나안 땅으로 가라고 명령하신다. 이에 아브라함은 하나님께 순종하여 자신의 모든 걸 가지고 약속의 땅 가나안으로 향한다. 하나님은 아브라함에게 많은 민족을 이루게 하고 가나안 땅을 주고 복이 되게 하겠다고 축복하신다.

당시 가나안 족속들이 살고 있던 땅으로 들어온 아브라함은 세겜에서 "내가 이 땅을 네 자손에게 주리라"(창 12:7)는 하나님의 음성을 듣고 하나님께 제단을 쌓는다. 그리고 그곳에서 더 내려가다 벧엘에 이르러 다시 제단을 쌓고 예배를 드렸다.

벧엘은 '하나님의 집'이라는 뜻으로 당시엔 '루스'라고 불렀지만 이후 '벧엘'로 이름이 바뀐다. 그리고 이곳은 성경 역사상 처음으로 아브라함이 제단을 쌓고 예배를 드린 곳으로 이후 이스라엘의 종교적 성지가 된다.

벧엘을 떠난 아브라함은 가나안 남쪽 지역인 네게브 지방까지 내려갔다가 후일 가뭄이 들자 다시 이집트까지 내려가게 된다.

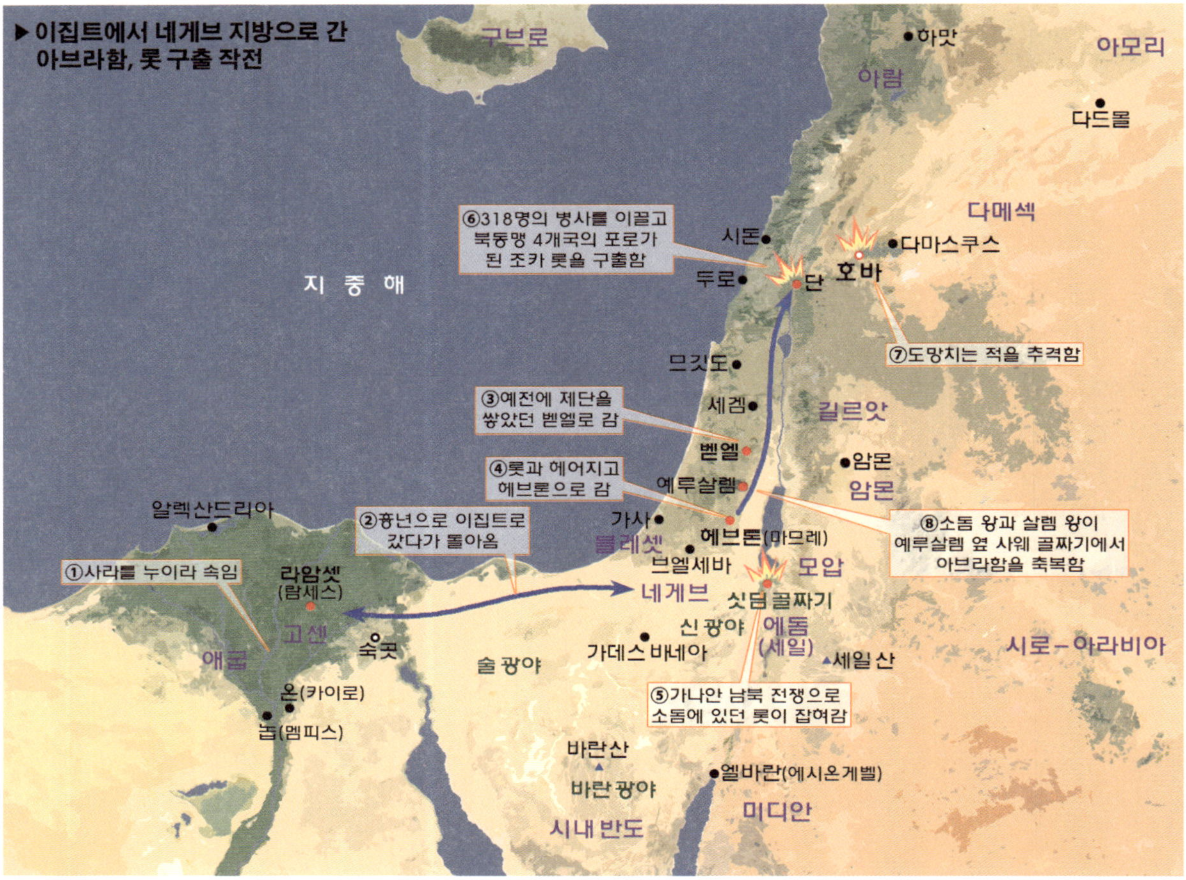

▶이집트에서 네게브 지방으로 간 아브라함, 롯 구출 작전

창세기 : 12장 10절~14장 24절

이집트에서 다시 가나안 땅으로 돌아온 아브라함은 처음 제단을 쌓고 예배를 드렸던 벧엘로 가서 하나님이 주신 약속의 땅을 떠나 이집트로 내려간 자신의 잘못을 뉘우치고, 가나안 땅으로 다시 인도하신 하나님께 감사의 제사를 드렸다. 하지만 그곳은 가나안 사람들과 아브라함과 조카 롯이 함께 많은 가축을 돌보기엔 땅이 너무 좁았다. 급기야 아브라함과 롯의 양치기들이 싸움을 벌이는 지경이 되자 아브라함은 가나안 땅 헤브론에 정착하고, 조카 롯은 요단 강 동쪽인 소돔과 고모라 쪽으로 가기로 한다.

그즈음 가나안 족속들은 남동맹 5개국과 북동맹 4개국으로 나눠 사해 아래쪽 싯딤 골짜기에서 전쟁을 벌이게 된다. 이 전쟁에서 남동맹 5개국이 크게 패하자 북동맹 4개국은 인근 지역을 약탈하고 사람들을 끌고 갔다. 이때 싯딤 골짜기 부근 소돔에 살고 있던 아브라함의 조카 롯까지 포로로 잡혀서 북으로 끌려가게 된다.

헤브론(마므레)에서 이 소식을 들은 아브라함은 자신의 사병 318명을 이끌고 북쪽으로 향한다. 단에서 북동맹 4개국의 군대를 발견한 아브라함은 야밤에 기습 공격하여 크게 승리하고, 다메섹(다마스쿠스) 근처 호바까지 적을 추격한다. 그리고 조카 롯과 잡혀갔던 모든 사람을 구출하고, 빼앗긴 모든 재물까지 되찾아 온다.

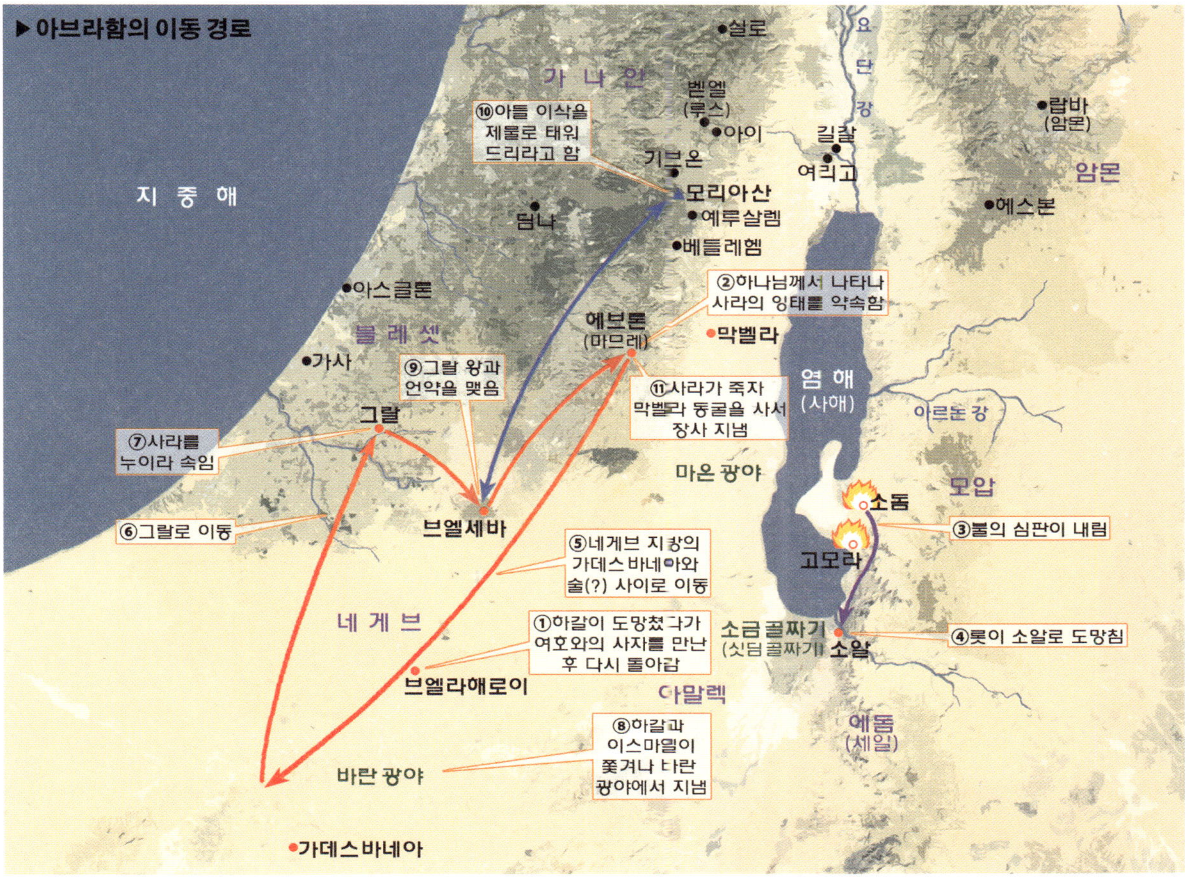

창세기 : 16~23장

아브라함에게 자식이 없자 그의 아내 사라는 자기 종인 하갈을 통해서 후손을 가지고자 한다. 하지만 임신하게 된 하갈은 사라를 업신여긴다. 이에 사라가 분노하고 학대하자 하갈은 임신한 몸을 이끌고 달아나다 광야의 어떤 샘에 이른다. 하갈은 그곳에서 여호와의 사자를 만나 앞으로 태어날 이스마엘에게 내린 축복과 사라를 따르라는 말을 듣고 다시 아브라함과 사라가 있는 곳으로 돌아간다. 그 후 그 광야의 샘은 브엘라해로이로 불리게 된다.

어느 날, 하나님께서 헤브론(마므레)에 있던 아브라함에게 직접 나타나셔서 사라의 잉태를 예언하신다. 그 후 사라는 이삭을 낳게 된다.

헤브론에서 아브라함을 만난 하나님은 소돔과 고모라로 향하신다. 그리고 소돔의 악함을 확인하기 위해 두 천사를 보내신다. 소돔에는 아브라함의 조카 롯이 살고 있었는데 그는 하나님께서 보내신 두 천사를 보고 자기 집으로 초대한다. 두 천사는 롯에게 곧 하나님의 심판이 있을 것을 알리고 가족과 사위들을 데리고 성을 떠나라고 하지만, 롯의 사위들은 그 말을 믿지 않는다. 결국 롯은 아내와 두 딸만을 데리고 성을 빠져나온다. 하나님의 심판의 불이 소돔과 고모라에 내릴 때 롯의 아내는 그만 뒤를 돌아보다가 소금기둥이 되어버리고 롯과 두 딸은 산속으로 들어가 숨어 지나게 된다.

이삭이 젖을 떼는 날, 이스마엘이 이삭을 괴롭히는 걸 본 사라는 아브라함에게 하갈과 이스마엘을 쫓아내길 요구한다. 이에 하나님께서는 아브라함에게 하갈과 이스마엘을 내보내라고 명령하신다. 바란 광야로 내려간 이스마엘은 하나님이 축복하신 대로 요단 강 동쪽 아랍 민족의 조상이 된다.

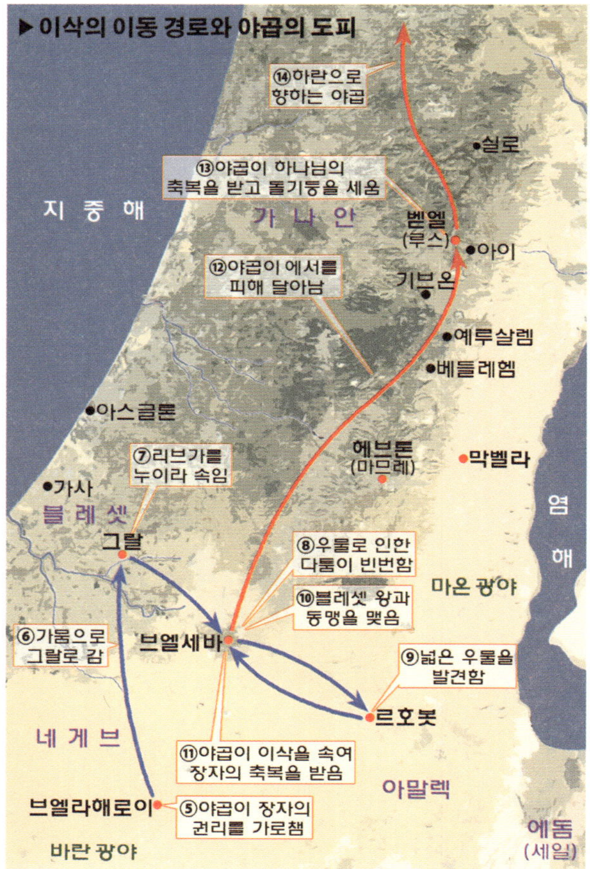

창세기 : 24~28장

노아의 아들 셈의 자손들은 유프라테스 강 부근에 많이 살았다. 아브라함의 형제로는 형 하란과 동생 나홀이 있었는데, 형 하란은 아브라함의 아버지 데라가 갈대아 지방 우르를 떠나오기 전에 죽었다. 그리고 나홀은 하란(밧단아람)에 살고 있었다. 아브라함은 이삭의 아내를 가나안 땅에 사는 이방인이 아닌 하란에 사는 친척 중에서 찾으려고 종을 보낸다. 종은 하란 부근에 살고 있던 아브라함의 동생 나홀의 손녀인 리브가를 만나 이삭의 아내로 삼기 위해 가나안으로 데려온다.

아브라함은 죽어서 막벨라 동굴에 묻혔다. 이삭은 에서와 야곱을 낳았다. 야곱은 형 에서에게 팥죽 한 그릇을 주고 장자의 권리를 샀으며, 아버지 이삭이 늙고 눈이 어두워지자 그를 속이고 에서에게 줄 장자의 축복까지 가로챈다. 분노한 에서가 야곱을 죽이려 하자 야곱은 어머니 리브가의 오빠인 라반이 사는 하란(밧단아람)으로 도망치게 된다.

길을 가던 야곱은 벧엘에 이르러 잠이 들었는데 꿈속에서 환상을 보고 하나님의 말씀을 듣는다. 하나님께서는 에서를 피해 머나먼 길을 가며 고단하고 위축된 야곱을 위로하신다.

"내가 너와 함께할 것이며, 네가 어디를 가든 너를 지켜줄 것이다. 그리고 너를 다시 이 땅으로 데려와서 네게 약속한 모든 것을 다 이루어주기 전까지 너를 떠나지 않을 것이다."(창 28:15) 다음 날, 야곱은 하나님께 감사하며 돌기둥을 세웠다. 그때부터 이곳의 이름은 '루스'에서 '벧엘(하나님의 집)'로 바꾸어 부르게 된다.

창세기 : 31~36장

야곱은 하란에 살던 외삼촌 라반의 일을 도우며 그곳에 머물게 된다. 그리고 라반의 딸인 라헬과 레아를 아내로 얻고 자식들도 얻는다. 하지만 라반은 일도 잘하고 항상 하나님의 축복을 받는 야곱을 놓아주고 싶지 않았다. 그러자 야곱은 하란에 온 지 20년 만에 가족들과 모든 재산을 가지고 라반 몰래 도망치게 된다.

도망친 야곱을 추적하던 라반은 길르앗 산악 지방 미스바 부근에서 야곱을 만난다. 하지만 야곱을 만나기 전날 하나님께서 라반의 꿈에 나타나 야곱의 옳고, 그름을 따지지 말라는 경고가 있었기에 라반은 야곱과 언약을 세우고, 축복한 후 돌아간다.

그 후, 야곱은 형 에서가 400명의 사람과 함께 오고 있다는 소식을 듣고 두려움에 떨지만 얍복 강 근처에서 어떤 사람과 밤새 씨름을 한 후 하나님께서 늘 함께하신다는 사실을 알고 용기를 얻는다. 다음 날, 야곱이 두려워했던 에서는 오히려 야곱을 반갑게 맞이한 후 돌아간다.

야곱이 가나안 땅으로 들어와 세겜 성 부근에 진을 치고 있을 때, 야곱의 딸 디나가 세겜 사람에게 성폭행을 당하게 된다. 야곱의 아들들은 계략을 써서 성의 모든 남자를 죽이고 약탈한다. 야곱은 30년 전 돌기둥을 세웠던 벧엘을 거쳐 헤브론에 가서 아버지 이삭을 만난다. 한편, 야곱에게 장자의 권리와 축복을 빼앗겼던 에서는 세일 산이 있던 곳에 살았으며 에돔 족속의 조상이 된다.

창세기 : 37~38장

야곱의 아들 12명 중에 요셉은 11번째였다. 야곱은 예전에 하란에서 돌아올 때 베들레헴 부근에서 죽은 라헬이 낳아준 요셉과 베냐민을 무척 사랑했는데 형들은 요셉을 미워했다.

어느 날, 요셉이 양을 치며 세겜을 거쳐 도단까지 간 형들을 찾아오자 형들은 야곱에게서 멀리 떨어진 그때가 요셉을 없애버릴 좋은 기회로 생각했다. 형들이 요셉을 죽이려 하자, 장남인 르우벤이 말려서 웅덩이에 가둔다. 그 후, 형들은 유다의 설득으로 이스마엘 상인들에게 은 20세겔을 받고 요셉을 팔아버린다. 이집트로 끌려간 요셉은 파라오의 경호대장인 보디발의 종이 된다.

한편, 야곱의 아들 유다는 다말이라는 여자를 첫째 며느리로 맞이했지만, 첫째 아들이 죽자 다말을 둘째 아들에게 준다. 하지만 둘째 아들마저 죽자 어린 셋째가 어른이 될 때까지 기다리라고 하며 다말을 친정으로 돌려보낸다. 다말은 오랜 시간이 지나도 유다가 약속을 지키지 않자 딤나로 온 시아버지 유다를 속여 그의 아이를 가진다. 다말은 베레스와 세라라는 쌍둥이를 낳았는데, 훗날 예수 그리스도께서는 이 베레스의 가문에서 태어나게 된다.

이집트에 종으로 팔려간 요셉은 늘 함께하시는 하나님으로 인해 파라오의 신임을 얻고 결국 이집트 총리 자리에까지 오른다.

▶이집트로 요셉을 만나러 가는 야곱

창세기 : 46~50장

이집트와 가나안 땅 등 온 세상이 오랜 가뭄에 시달렸다. 모든 땅의 사람이 식량이 부족해서 허기에 시달렸지만 7년간 가뭄이 들 것을 미리 알았던 요셉은 그동안 충분히 대비하고 있었기에 부족함이 없었다. 이집트 주변의 많은 사람은 식량을 구하려고 이집트로 몰려들었다. 그중에는 야곱의 아들들, 즉 요셉의 형제들도 있었다.

요셉을 만난 형제들은 많은 예물을 가지고 가나안 땅으로 돌아가 요셉이 살아있음을 알렸다. 야곱은 죽은 줄만 알았던 요셉이 살아있다는 말에 기뻐하며 자신에게 속한 모든 사람과 재물을 가지고 이집트로 내려갔다.

요셉은 아버지 야곱과 그 형제들을 이집트 고센 지방의 람세스에서 지낼 수 있도록 했다.

이집트로 내려간 야곱의 자손은 66명이며, 야곱과 요셉, 요셉의 두 아들이 있었다.

야곱의 열두 아들은 이스라엘 열두 지파의 조상이 되는데, 각각 르우벤, 시므온, 레위, 유다, 잇사갈, 스불론, 아셀, 갓, 단, 납달리, 베냐민, 그리고 요셉의 두 아들 에브라임과 므낫세가 열두 지파의 조상들이다.

야곱은 모든 아들을 축복하고, 죽어서 가나안 땅 헤브론 근처 막벨라 동굴에 묻혔다. 요셉은 이집트에서 나갈 때 자신의 뼈도 함께 가져가 주길 부탁하고 죽는다. 이후, 야곱의 자손들은 이집트에서 크게 번성하게 된다.

▶모세의 출애굽 경로

출애굽기 : 12~19장 | **민수기** : 10~16장, 20~25장

이집트에 정착한 야곱의 자손은 크게 번성했다. 이방인에게 관대했던 북쪽 이방인 출신의 힉소스 왕조가 무너지고 아모스 왕조가 들어섰다. 아모스 왕조는 이방인에게 배타적인 정책을 취하면서 이스라엘의 번성을 경계하고 탄압했으며, 이 민족을 노예로 부리기 시작했다.

이스라엘 자손이 고통 속에서 신음할 때, 양을 치던 모세는 시내 산에서 백성을 가나안 땅으로 인도하라는 하나님의 명령을 듣는다. 하지만 엄청난 노동력 손실을 우려한 이집트 파라오는 이스라엘 백성을 놓아주지 않는다. 결국 이집트에 10가지 재앙이 차례대로 닥쳐 수많은 사람이 죽고 나라가 황폐해진 후에야 파라오는 이스라엘 백성을 보내준다. 이스라엘 백성은 430년 동안의 이집트 생활을 청산하고 약속의 땅 가나안으로 향한다.

하나님께서 이스라엘 백성이 가는 길을 지켜주셔서 홍해까지 추격해온 이집트 군대를 물리치고 물과 식량을 내려주셨지만, 이스라엘 백성은 계속 불평하고 불순종하면서 시내 산에 도착한다. 시내 산에서 십계명과 율법을 받은 이스라엘 백성은 급기야 가데스 바네아에서 가나안 땅을 정탐하고 돌아온 후 가나안 족속을 이길 수 없다는 두려움에 빠져 하나님의 언약을 믿지 않는다. 이에 분노하신 하나님의 명령으로 이스라엘 백성은 38년의 긴 세월 동안 바란 광야를 떠돈다.

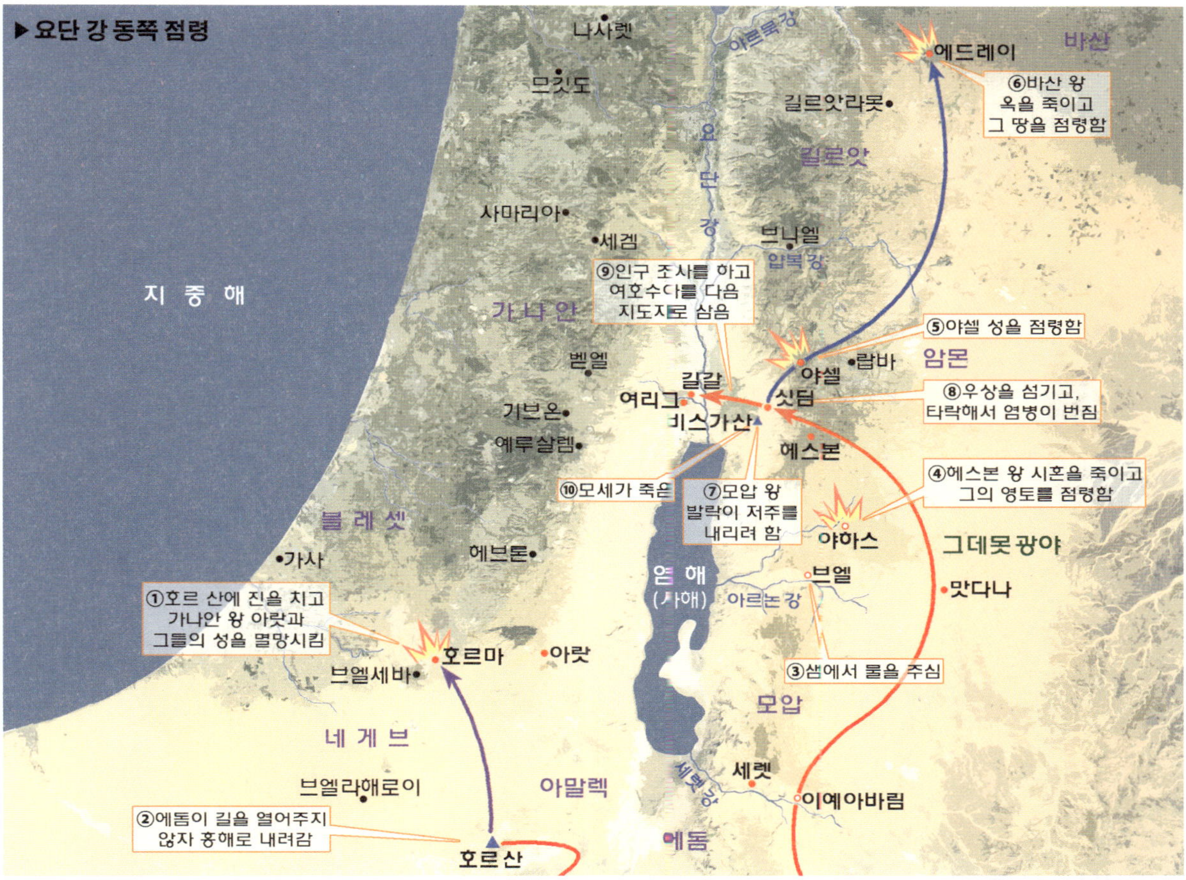

민수기 : 20장 14~21절, 21~27장 | **신명기** : 34장

가데스 바네아에서 모세의 누이 미리암이 죽었으며, 호르 산 부근에서 모세의 형 아론이 죽었다. 처음 이집트에서 나올 때 20세 이상인 사람들은 광야를 지나는 동안 대부분 죽었으며, 모세와 38년 전 가나안 정탐 후 모두 두려움에 떨 때도 믿음을 잃지 않았던 여호수아와 갈렙만이 남아 있었다.

이스라엘 백성은 가나안 왕 아랏이 공격해오자 그를 물리치고 호르마까지 올라가 성을 멸망시킨다. 그리고 야곱의 형 에서의 후손인 에돔이 길을 열어주지 않자 싸우지 않고 홍해 쪽으로 내려간 다음 우회해서 요단 강 동쪽으로 올라온다. 그런 후, 시혼 왕의 헤스본과 길르앗 지방의 야셀, 그리고 바산 지방의 에드레이를 점령한다. 이로써 아르논 강 북쪽, 요단 강 동쪽을 모두 점령한다. 그러나 약속의 땅에 들어온 이스라엘 백성은 이방인들의 영향을 받아 우상을 섬기기 시작한다. 그 대가로 싯딤에서 하나님의 진노를 사서 수많은 사람이 죽었는데 이것은 이스라엘 백성의 우상 숭배의 첫 시작일 뿐이었다. 그 후 모세는 약속의 땅이 아니었음에도 미디안을 점령한다. 미디안으로 인해 이스라엘 백성들이 우상에 빠지고 그 징계로 수많은 사람이 죽었기 때문이다.

요단 강 서쪽, 가나안 땅이 보이는 곳에 이르러 모세는 여호수아를 다음 지도자로 세우고 비스가 산(느보 산)에 올라가 죽음으로써 그의 긴 임무를 마무리하게 된다.

민수기 : 34장 1~15절

민수기 : 35장 6절, 10~34절

이스라엘이 요단 강 동쪽을 점령하고 가나안 땅으로 들어가기 전에 요단 강 동쪽 길르앗 지역은 갓 지파, 르우벤 지파, 므낫세 반 지파가 일찌감치 차지하게 된다. 그들은 많은 가축을 가지고 있었고, 길르앗 땅은 목초지와 물이 풍부했기 때문이다. 하지만 그들은 하나님께서 명령하신 대로 가나안 땅을 모두 점령할 때까지 정복 전쟁에 참여하기로 한다.

그런 일이 있은 후 하나님께서는 약속하신 땅의 경계를 말씀해주신다. 그리고 그 모든 땅을 점령하고, 그곳의 모든 백성을 좇아내고, 그들이 섬기던 모든 우상을 부수라고 명령하신다. 그렇지 않을 경우 그들은 이스라엘의 재앙이 될 것이기 때문이었다.

당시엔 누군가 사람을 죽였다면 죽은 사람의 친척은 그 살인자를 죽여서 복수할 권리가 있었다. 하지만 고의성 없이 실수나 사고로 죽였다면 도피성으로 피해서 죽은 사람의 복수를 하려는 친척의 손에서 벗어날 수 있었다. 도피성으로 피한 자는 그곳의 대제사장이 죽을 때까지 그곳에 있어야만 했다. 그것은 대제사장의 죽음이 도피성으로 피한 죄인의 죄를 대신 씻어준다는 의미였다. 예수 그리스도가 십자가에서 죽음으로써 인간의 죄를 대신 씻어주신 것처럼. 도피성은 레위인들에게 주어진 48개의 성 중에 6개를 지정하여 요단 강 동쪽에 세 군데, 서쪽에 세 군데를 두었다.

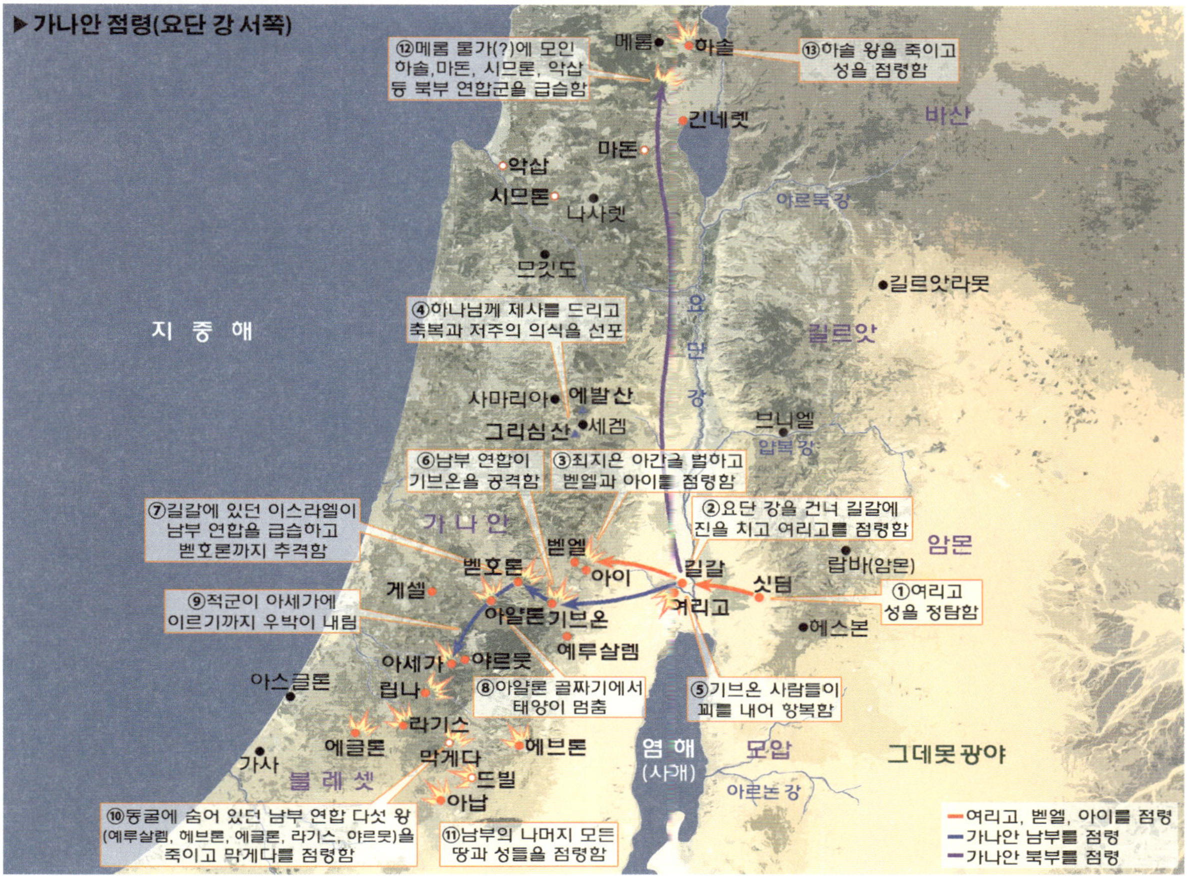

▶가나안 점령(요단 강 서쪽)

여호수아 : 1~11장

모세가 죽고 여호수아가 이스라엘의 지도자가 되어 백성을 가나안으로 이끌었다. 하나님은 늘 그들과 함께하셨는데 요단 강을 건널 때는 강이 갈라졌고, 나팔 소리와 고함만으로 여리고 성이 무너졌으며, 아얄론 골짜기에서는 해와 달이 멈추고, 아세가에서는 큰 우박을 내려서 이스라엘이 승리하게 하셨다.

이스라엘이 여리고 성을 무너뜨리고, 벧엘과 아이까지 연이어 점령하자 가나안 땅의 왕들은 두려움에 떨었다. 가나안 왕들은 대부분 힘을 합쳐 이스라엘과 싸우려고 했지만, 기브온 성은 아주 멀리서 온 사신인 것처럼 행색을 꾸며서 여호수아와 이스라엘 백성을 속이고 평화 조약을 맺는 데 성공한다. 여호수아는 바로 지척 거리에 있던 기브온에게 속은 것을 알았지만 서로 조약을 맺었기에 어쩔 수 없이 그들을 종으로 삼고 살려줄 수밖에 없었다.

이스라엘이 가나안 남부를 점령하자 가나안 북부 하솔 왕은 마돈, 시므론, 악삽, 그리고 갈릴리 주변 성들과 동맹을 맺고 대규모 군대를 메롬 물가에 모았다. 하지만 길갈에 있던 이스라엘 군대가 하루 만에 기습하여 미처 전열을 갖추지 못한 북부 동맹군은 맥없이 무너져 버린다. 이로써 이스라엘은 두려워하면서도 간절히 원했던 약속의 땅 가나안을 하나님의 도움으로 손쉽게 점령한다.

여호수아 : 12장

여호수아 : 13장 1~6절

이후 이스라엘은 요단 강 서쪽인 가나안에서 31개의 성을 점령하고, 그곳의 왕을 죽인 후, 지파별로 땅을 나누어 가지게 된다. 가나안 땅의 남북 길이는 약 240km, 동서 길이는 긴 곳이 85km, 짧은 곳은 45km밖에 되지 않는다. 그런 지역에 31명의 왕이 있었다는 것은 당시 가나안 땅이 얼마나 분열이 심했는지 잘 보여준다.

참고로 위 지도에 없는 '고임'은 위치가 확인되지 않아 표시하지 않았다.

이스라엘이 가나안 땅 대부분을 점령했지만 하나님께서 약속하신 모든 땅을 다 점령한 것은 아니었다. 이스라엘은 지파대로 땅을 나눈 다음에 남아 있는 땅을 마저 점령하기로 했다. 그때까지 점령하지 못한 땅은 블레셋 지역과 그술 지역, 그리고 레바논 지역이다. 후일에 이스라엘은 남은 땅을 점령하고도 가나안 족속을 살려서 종을 삼기도 하고, 지파 간의 반목으로 계속 점령하지 못한 땅도 생긴다. 그리고 그것은 "가나안 사람들을 모두 멸망시키라"(민 33:51~56)는 하나님의 명령을 거역하는 행위였다. 하나님께서 예언하신 것처럼 훗날 그들은 이스라엘의 눈엣가시가 되고, 옆구리의 바늘이 된다.

▶ 각 지파의 영역

여호수아 : 13장 8~33절, 14~19장

▶ 레위 지파가 받은 성읍

여호수아 : 21장

모든 지파가 땅을 받았지만 레위 지파는 땅을 받지 못하고 이스라엘 전역에 있는 성들을 골고루 나눠 받았다. 하나님을 섬기는 데 필요한 율법과 절차를 전문적으로 배운 레위인들이 백성들과 섞여 살면서 백성들의 신앙생활을 돕고 이끌어주는 길잡이 역할을 해야 했기 때문이다. 레위 지파에는 아론, 고핫, 게르손, 므라리 집안이 있었는데 그들은 48개의 성을 받고 그곳에 살게 된다. 그중에 요단 강 동쪽 3개 성, 서쪽 3개 성은 도피성으로 지정되었다.

레위 지파를 끝으로 하나님께서 이스라엘 백성에게 약속하신 땅은 모두 분배되었다. 요단 강 동쪽 길르앗 지역을 일찌감치 차지한 갓 지파, 르우벤 지파, 므낫세 반 지파는 자기들의 땅으로 돌아간다. 그리고 긴 정복 전쟁을 이끈 여호수아는 세겜에서 이스라엘 백성들에게 여호와를 저버리지 않도록 당부하고 눈을 감는다.

그리고 이집트에서 나올 때 이스라엘 백성들은 야곱의 아들 요셉의 부탁을 잊지 않고 그의 뼈를 가지고 나와 세겜에 묻어준다.

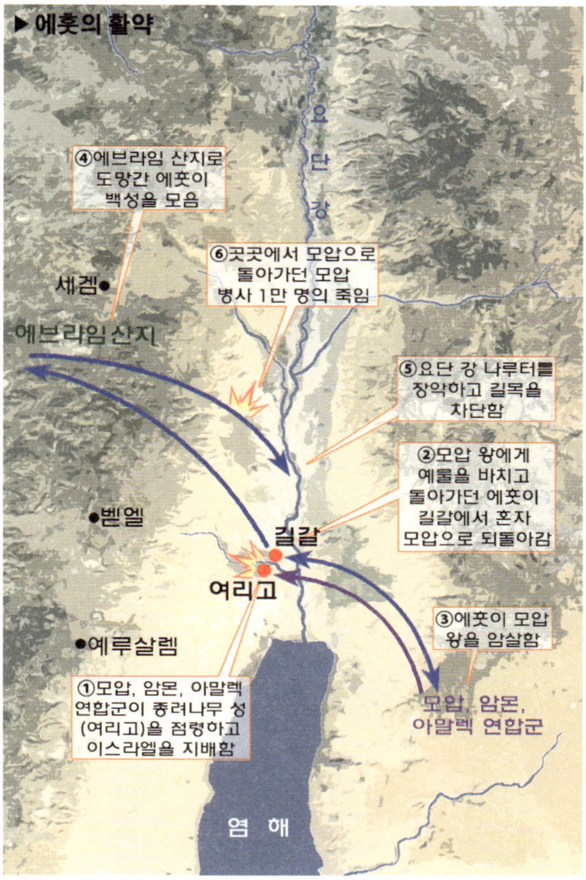

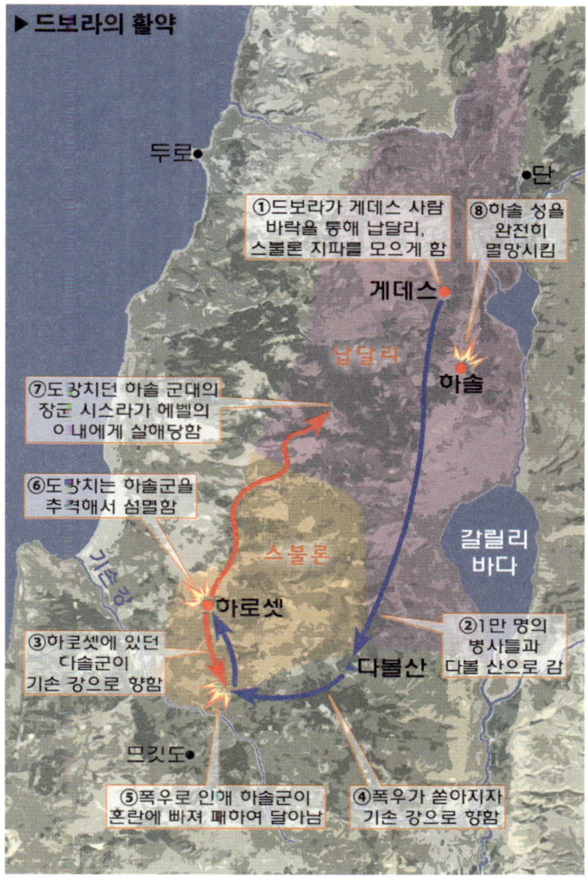

사사기 : 3장 12~30절

사사기 : 4장 1~24절

사사는 왕이 없던 시절, 이스라엘의 군사적인 지도자였다. 이스라엘은 여호수아가 죽은 후, 남은 땅들을 일부 정복했지만 끝내 정복하지 못했거나 정복해도 가나안 사람들을 죽이거나 쫓아내지 않고 종으로 삼은 곳이 있었다. 그것은 가나안 땅의 모든 것을 없애라는 하나님 말씀(민 33:51~56)을 어기는 행위였다. 결국 이스라엘은 가나안 사람들이 섬기던 우상에 빠져서 하나님을 잊고 타락했으며, 그 대가로 다른 족속의 침략에 시달리고 지배를 받으며 고통스럽게 살았다. 그러나 이스라엘 백성이 고통 속에서 뉘우치고 소리칠 때면, 하나님께서는 사사들을 일으켜 그들을 구원하셨다.

에훗은 이스라엘의 두 번째 사사였다. 그는 이스라엘이 모압의 지배에서 고통받을 때 단신으로 모압 왕을 암살하고 이스라엘 병력을 모아 모압을 가나안 땅에서 몰아냈다.

드보라는 이스라엘의 네 번째 사사였으며 유일한 여자 사사였다. 이스라엘은 또다시 죄를 지어 가나안 북부 하솔 왕 야빈의 지배 아래에서 신음하고 있었다. 드보라는 게데스 사람 바락을 시켜 군대를 모은 다음, 기손 강 근처에서 수많은 전차를 앞세운 하솔의 장군 시스라의 군대를 물리치고 대승을 거둔다. 도망치던 시스라는 겐 사람 헤벨의 아내에게 살해당하고, 하솔 왕 야빈은 멸망한다.

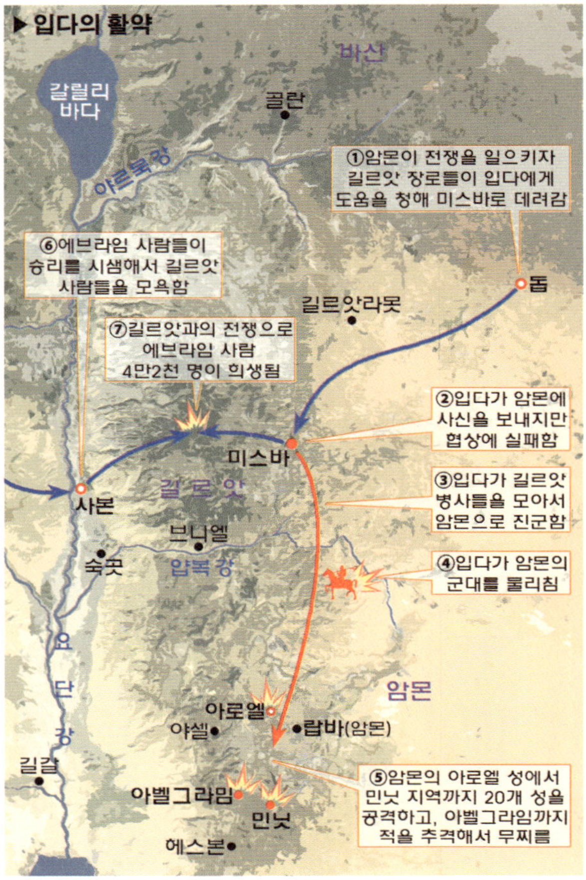

사사기 : 6장 33~40절, 7장, 8장 1~17절

사사기 : 11장, 12장 1~7절

미디안 족속이 이스라엘 민족을 지배하고 있을 때 기드온은 미디안과 싸우기 위해 많은 병력을 모았다. 하지만 하나님께서는 300명만 남기고 나머지 병사들은 모두 고향으로 돌려보내셨다. 기드온은 남은 300명의 병사만을 데리고 야간에 기습하여 미디안의 군대를 물리치고, 갈골까지 추격해서 미디안 왕들을 사로잡아 죽였다.

한편, 기드온과 병사들이 미디안 왕들을 추격하면서 지쳐 있을 때 숙곳과 브니엘은 그들을 비웃으며 도움을 거절했다. 미디안 왕들을 사로잡은 기드온은 숙곳을 벌하고, 브니엘을 멸망시킨다.

이스라엘이 암몬에 의해 고통받고 있을 때, 입다는 요단 강 동쪽 백성을 모아 암몬으로 진격했다. 그때 입다는 이 전쟁에서 승리한다면 자기 집에서 나오는 첫 번째 사람을 제물로 바치겠다고 하나님께 서원한다. 입다가 암몬에게 승리한 후 집으로 돌아왔을 때 집에서 첫 번째로 나온 사람은 그의 외동딸이었다. 이것은 당시 이스라엘 백성들이 얼마나 우상에 물들어 있었는지 잘 보여주는 사건이다. 당시 가나안 지역의 우상 숭배에는 인신 제사가 자주 있었는데 입다도 그 영향을 받았음이 분명하다. 또한 입다는 서약을 번복함으로써 자신의 체면과 권위를 잃을까 두려워 딸의 희생을 감수한다.

한편, 입다의 승리를 시기하고 전리품에 욕심이 난 에브라임 지파가 길르앗 사람들을 모욕하자 전쟁이 벌어진다. 이 전쟁으로 죽은 에브라임 사람은 4만2천 명이나 되었다.

사사기 : 14~16장

사사기 : 19~21장

삼손은 이스라엘 백성이 블레셋의 지배로 고통받고 있을 때 활약한 사사였다. 그는 하나님께서 주신 엄청난 힘으로 나귀의 턱뼈만 가지고 블레셋 사람 천 명을 죽였다. 하지만 들릴라라는 여자의 꼬임에 빠져 힘의 원천인 머리카락이 잘리고 블레셋 사람들에게 사로잡히고 만다.

두 눈을 잃고 강제 노역에 시달리던 삼손의 머리카락이 다시 자라는 걸 눈치챈 사람은 아무도 없었다. 블레셋 사람들이 다곤 신전에 모여서 큰 제사를 드릴 때 삼손은 신전의 두 기둥을 무너뜨리고 수많은 블레셋 사람과 함께 죽는다. 이때 삼손은 살아 있을 때보다 더 많은 사람을 죽였다.

기브아 성의 비극은 사사기 당시 이스라엘이 얼마나 타락했는지 잘 보여준다. 베냐민 지파에 속한 기브아 성에서 하룻밤을 묵던 레위 사람은 불량배들이 횡포를 부리자 첩을 내어준다. 그 첩은 불량배들에게 밤새 유린당하고 죽고 만다. 레위 사람은 첩의 시체를 12토막 내어 모든 이스라엘에 알린다. 베냐민 지파는 불량배들을 감싸며 전쟁을 불사한다. 그 전쟁의 결과 2만5천 명의 베냐민 사람들이 죽고, 단 600명만이 살아남는다.

한편, 이스라엘 사람들이 벧엘로 올라가 하나님의 뜻을 물어보았다(삿 20:18, 23, 26)고 하는데, 여기서 벧엘은 '하나님의 집'이란 뜻으로 당시에 성막이 있던 실로를 가리킨다.

▶12사사의 활동 지역

사사기 : 1~16장

이스라엘의 사사는 총 14명이다. 사무엘서에 등장하는 대제사장 엘리와 마지막 사사인 사무엘을 제외하고 사사기에 기록된 12 사사의 활동 지역은 위 지도에 표시된 바와 같다.

사사 시대는 여호수아가 죽고 사울이 왕이 되기까지 약 350년 동안 이어졌다. 사사 시대 동안 끊임없이 범죄-징계-회개-구원-범죄가 반복되었다. 그래서 하나님께서 이스라엘 백성을 '고집 센 백성'(출 32:9)이라 하셨는지 모른다.

사사기는 1장~16장은 이스라엘 백성의 범죄와 징계와 회개와 구원 속에서 사사들의 활동을 중심으로 다루고 있으며, 17장 이후로는 당시 이스라엘이 얼마나 종교적·도덕적으로 타락했는지를 잘 보여준다. 이에 사사기의 가장 마지막 구절은 "그때 이스라엘에는 왕이 없어서 모두 자기 맘대로 행동했다."(삿 21:25)고 기록하고 있다.

▶아벡 전투와 언약궤의 이동

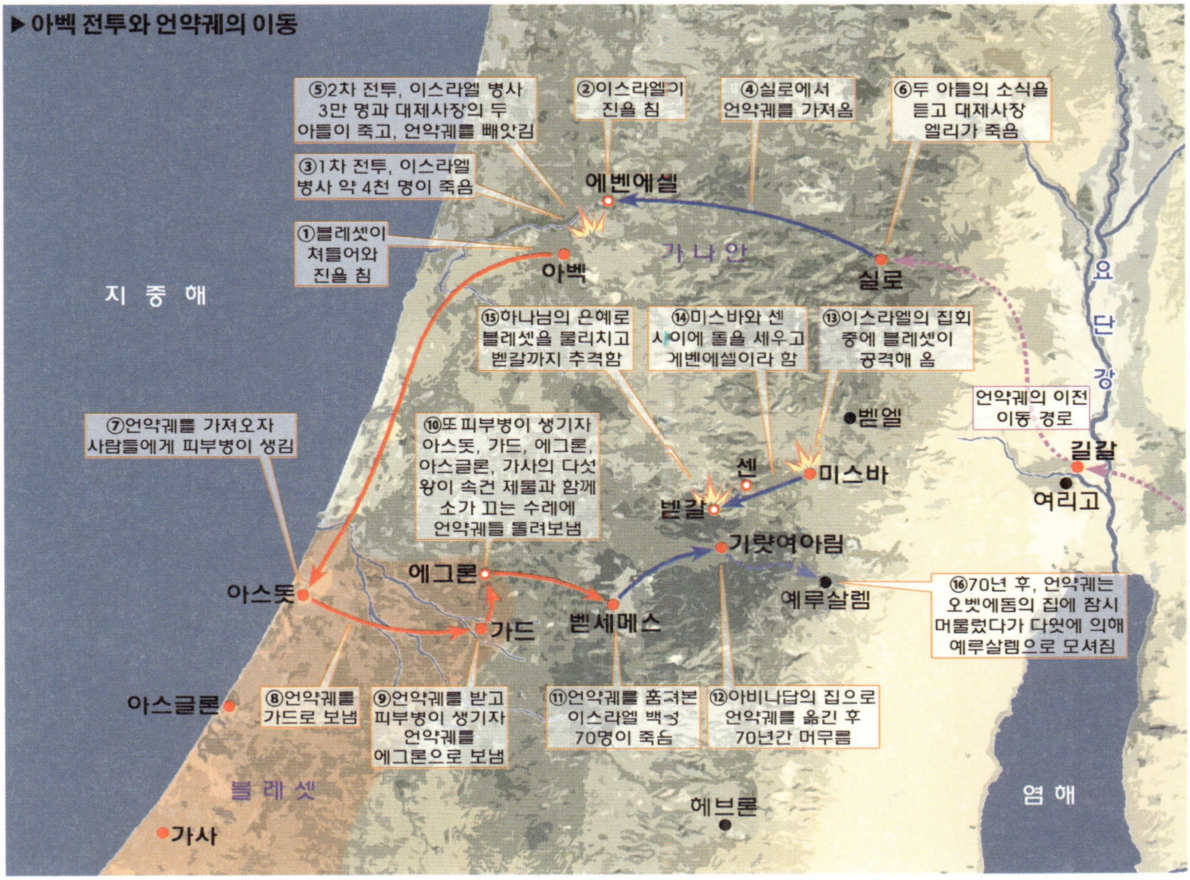

사무엘상 : 4~7장 | **사무엘하** : 6장

사무엘은 이스라엘 왕정이 시작되기 전 마지막 사사였다. 그는 이스라엘 백성이 왕을 요구하자 하나님의 명령으로 사울을 왕으로 세웠고, 사울이 불순종하여 하나님의 마음이 그에게서 떠나자 다윗을 왕으로 세운다.

이스라엘은 1차 아벡 전투에서 패하자 실로에 있던 언약궤를 가져온다. 그들은 이방인의 우상을 섬기던 습성에 젖어 언약궤가 있으면 하나님의 능력이 생길 것으로 생각했다. 하지만 언약궤는 하나의 상징물에 불과하고 하나님은 아니다. 결국 이스라엘은 2차 아벡 전투에서도 패하고 언약궤를 빼앗겼으며, 대제사장 엘리의 두 아들까지 죽게 된다. 두 아들이 죽었다는 소식을 들은 엘리도 죽고 만다. 40년 동안 이스라엘을 다스렸던 사사이자 대제사장인 엘리는 하나님의 예언대로, 타락하고 죄악에 가득 찬 두 아들을 방치한 결과 집안이 몰락하는 징계를 당하고 만 것이다.

블레셋이 언약궤를 가져간 아스돗에서는 전염병이 돌았다. 그들은 언약궤를 가드로 보냈다. 하지만 그곳 역시 전염병이 돌았다. 다시 언약궤를 보낸 에그론 역시 마찬가지였다. 무서운 재앙을 겪은 블레셋 사람들은 결국 언약궤를 이스라엘에 돌려주기로 한다. 언약궤는 벧세메스를 거쳐 기럇여아림의 아비나답의 집에서 머무른다. 이때는 사무엘이 사울을 왕으로 세우기 전이었고 다윗은 등장하지도 않았다. 약 70년 후, 사울이 죽고 왕이 된 다윗이 언약궤를 예루살렘으로 옮기는데, 오벳에돔의 집에 잠시 머물렀다가 다윗이 지은 예루살렘 성막으로 옮겨지게 된다.

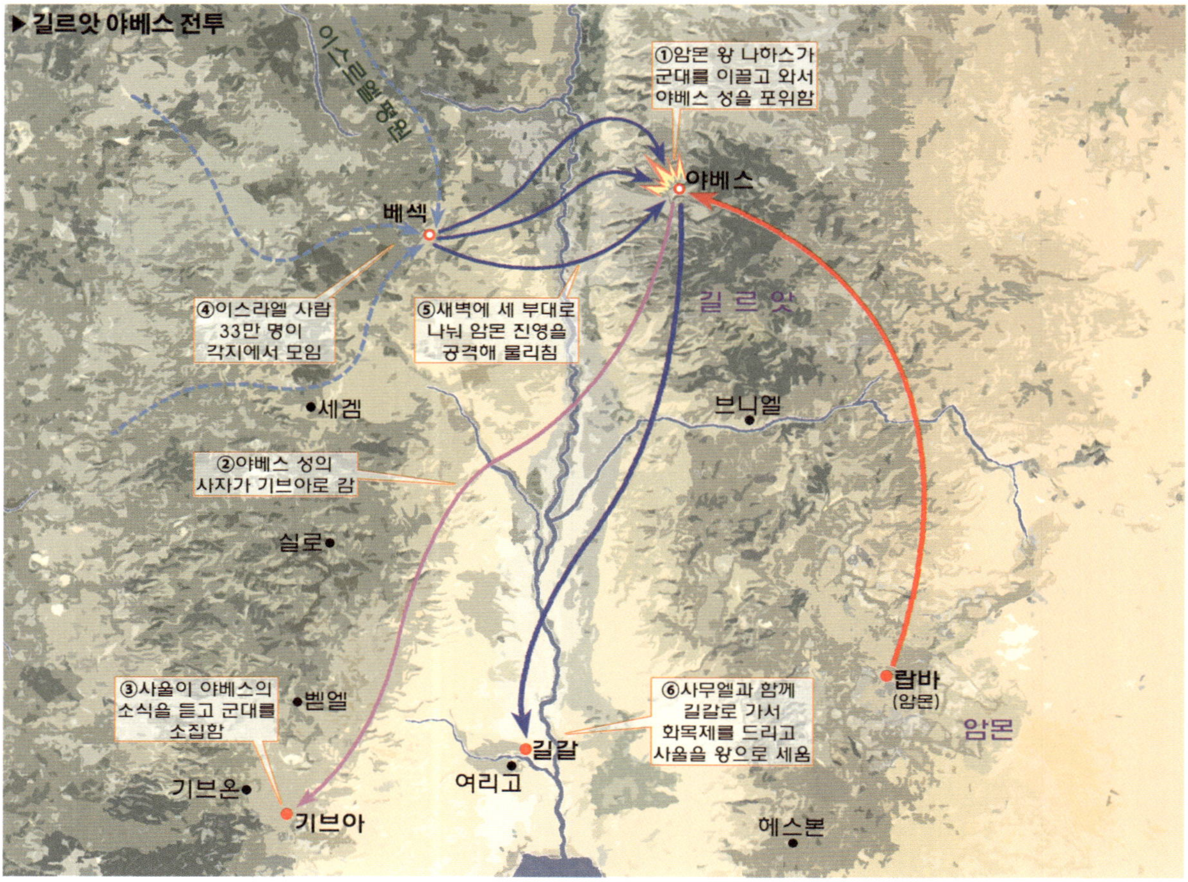

사무엘상 : 11장

야베스 전투는 사무엘에 의해 사울이 기름 부음 받아 초대 왕으로 세워진 다음에 생긴 일이다.

사울은 왕으로 세워졌지만, 여전히 고향 기브아에서 농사를 짓고 있었다. 어느 날, 암몬 왕 나하스가 군대를 이끌고 길르앗 지방으로 올라와 야베스 성을 포위했다. 이에 야베스에서는 이스라엘 전역으로 사자를 보내 자신의 처지를 알렸다. 그리고 사울의 고향 기브아에 당도한 야베스의 사자가 이 소식을 사울에게 알렸고, 사울은 이스라엘 전역으로 사람을 보내 병력 소집 명령을 내린다. 사울이 왕으로서 내린 첫 명령이었다.

이스라엘 사람들은 이스르엘 평원에 있는 베섹 성에 모였는데 그 수가 33만 명이었다. 다음 날 새벽, 사울은 병력을 세 부대로 나눠서 야베스가 곧 항복할 것으로 믿고 안심하고 있던 암몬 진영을 습격했고 해가 완전히 뜨기 전에 크게 승리할 수 있었다.

이스라엘 사람들은 길갈로 내려가 화목제를 드리고 다시 사울을 왕으로 세웠다. 이렇게 이스라엘 백성을 결집하여 암몬과의 전투를 승리로 이끈 사울은 이스라엘 초대 왕으로서 확실히 자리매김하고 백성들의 지지를 받을 수 있었다.

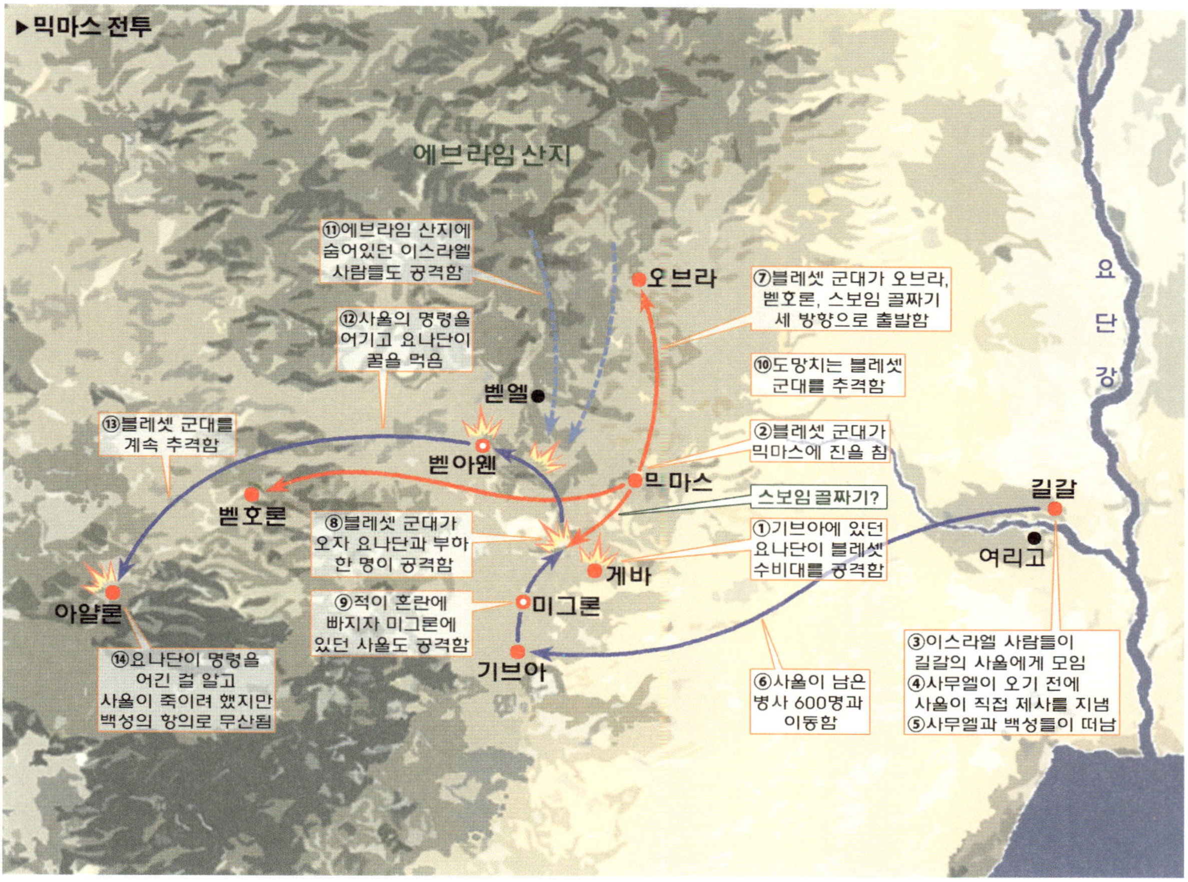

▶믹마스 전투

사무엘상 : 13장, 14장 1~45절

당시 이스라엘은 블레셋의 지배를 받고 있었는데, 믹마스 전투는 블레셋이 이스라엘을 통치하기 위해 설치한 수비대를 사울의 아들 요나단이 자기 부대를 이끌고 공격하면서 시작되었다.

이에 블레셋 군대는 믹마스로 올라와 진을 치고, 사울은 길갈에 병력을 모았다. 사울은 제사를 지낸 후에 출정해야 했지만 사무엘은 7일을 기다리게 한다. 사무엘은 오지 않고, 블레셋의 움직임이 불안했던 사울은 7일이 되기 전에 직접 제사를 지내버린다. 이는 사울의 부족한 믿음과 불순종을 보여주는 행동이다. 사울이 제사를 지낸 직후 도착한 사무엘이 사울의 불순종을 탓하고 하나님께서 이미 사울을 떠났음을 선포하자, 모였던 백성들도 흩어져 버린다. 사울은 남은 600명의 병사만 데리고 기브아를 거쳐 미그론으로 갔고, 요나단은 부하 한 명만 데리고 블레셋 진영을 공격해 큰 혼란에 빠뜨린다. 사울도 이 기회를 놓치지 않고 병사들을 이끌고 블레셋 진영을 공격해 벧아웬까지 추격한다.

이때 사울은 전쟁을 빨리 끝내겠다는 욕심으로 모든 이스라엘 병사에게 저녁이 되어 적을 물리칠 때까지 금식을 명령했다. 하지만 그 명령을 듣지 못한 요나단이 꿀을 먹었고 이를 알게 된 사울은 요나단을 죽이려 했다. 사울의 명령을 부당하게 느낀 모든 백성은 그날 가장 큰 활약을 펼친 요나단을 감쌌다. 왕의 권위를 잃어버린 사울은 아얄론에서 블레셋을 더 이상 추격하지 않았다. 전투는 그렇게 맥없이 끝나버렸다.

이 사건은 사울이 많은 업적에도 불구하고 하나님께 불순종하여 하나님 마음에서 멀어지게 되는 단초가 되었다.

▶ 다윗의 도피 경로

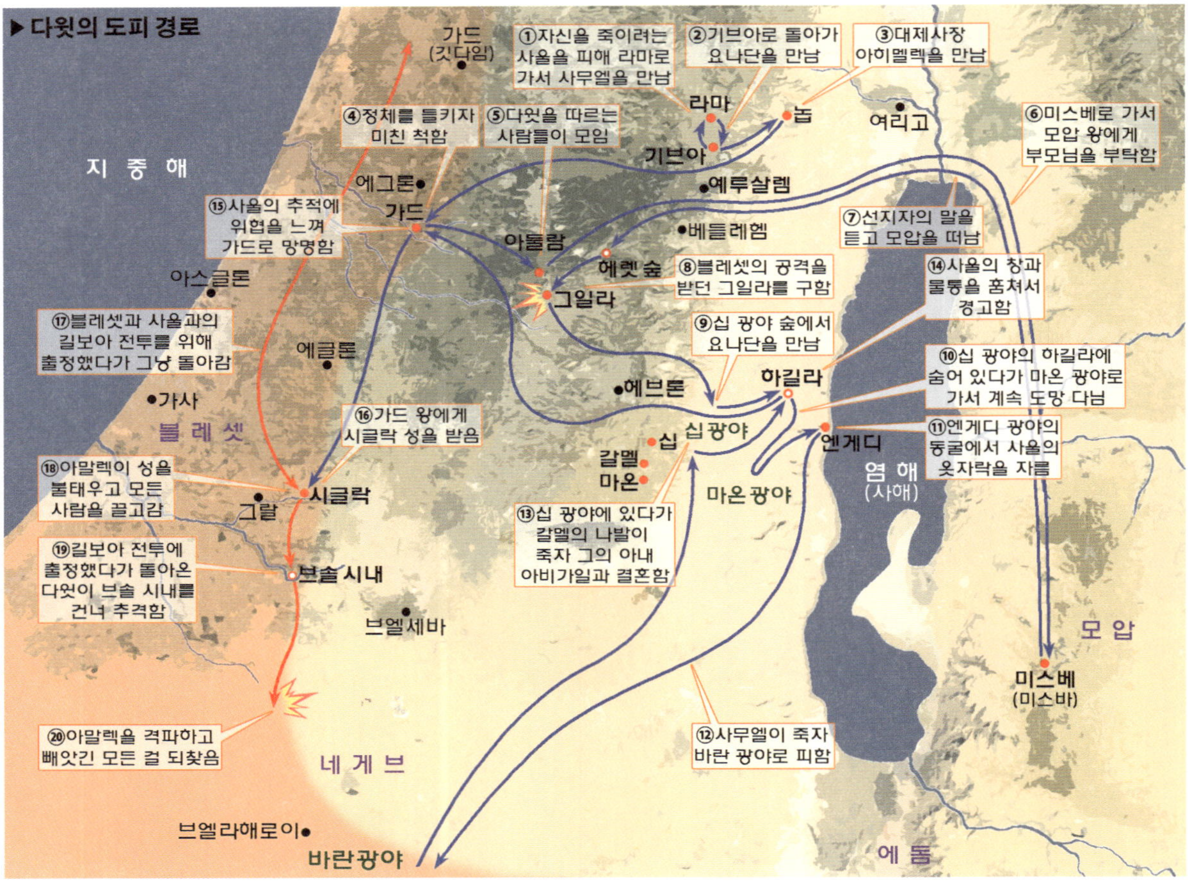

사무엘상 : 19~30장

다윗이 골리앗을 물리친 이후 나가는 전투마다 승리하고 명성이 높아지자 사울은 다윗에 대한 질투와 광기로 그를 죽이려 한다. 다윗은 사울의 아들 요나단의 도움으로 도망쳐 놉에서 대제사장 아히멜렉을 만난다. 다윗은 가드와 아둘람을 거쳐 모압의 미스베까지 가는데 도중에 다윗을 따르는 사람들이 계속 늘어난다. 사울은 다윗을 도왔다는 이유로 대제사장 아히멜렉과 그의 친척들을 모두 죽여버린다. 사울이 다윗을 추적하는 중에 다윗에게 사울을 죽일 기회가 두 번 있었다. 하지만 다윗은 하나님께서 기름 부어 세운 왕을 죽일 수 없었다. 사울은 그때마다 눈물을 흘리며 자기 잘못을 빌고 다윗을 축복하지만, 시간이 지나면 다시 다윗을 죽이기 위해 칼을 갈았다.

마지막 사사인 사무엘이 죽자 다윗은 더욱 심해질 사울의 추적을 피해 멀리 바란 광야까지 내려간다. 다시 가나안으로 돌아온 다윗은 사울을 피해 블레셋의 도시인 가드로 망명한다. 그리고 가드 왕을 설득해 시글락 성을 받고 사울이 죽을 때까지 그곳에서 지내게 된다. 그 무렵, 블레셋 군대가 사울의 군대와 싸우려고 길보아로 출정한다. 이에 가드 왕의 명령으로 다윗도 할 수 없이 함께 출정하지만, 이스라엘 사람인 다윗의 배신을 두려워한 블레셋 장군들의 항의로 다윗은 시글락으로 돌아오게 된다. 다윗의 입장에서는 하나님의 도움으로 동족 간의 싸움을 피할 수 있게 된 셈이다.

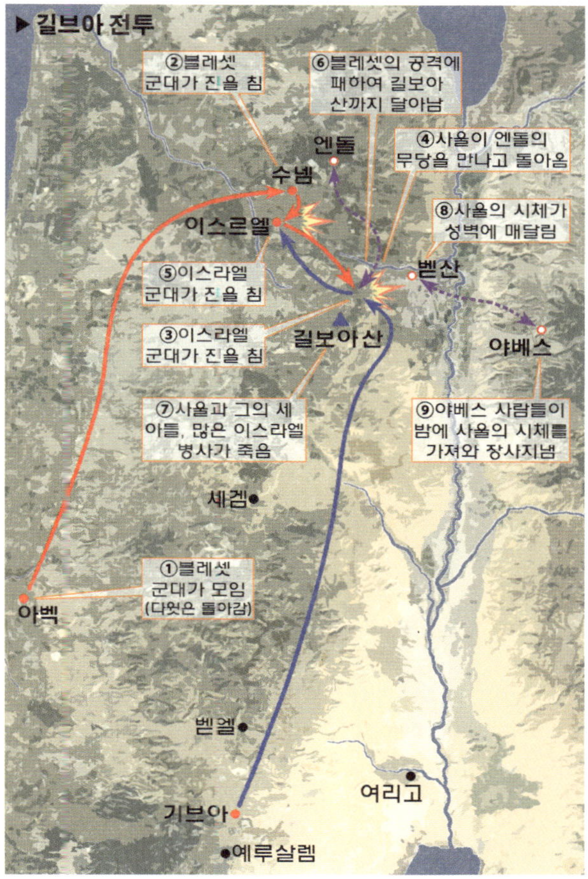

사무엘상

사무엘상 : 29장, 31장 | **역대상** 10장 10절

이스라엘의 초대 왕인 사울은 이스라엘을 블레셋의 지배에서 벗어나게 했지만 적극적인 정복 전쟁을 벌이지는 않았다.

사울의 고향 기브아와 가까웠던 벧산과 그 주변, 그리고 여부스 사람들이 살고 있던 예루살렘을 그냥 두었던 것으로도 그 점을 잘 알 수 있다. 그 지역은 이스라엘 영토였으나, 블레셋의 지배 아래에 있었다. 사울은 벧산과 그 주변 지역을 탈환하기 위한 길보아 전투에서 그의 세 아들과 함께 전사한다.

길보아 산에 진을 친 사울은 하나님께 기도했지만 응답받지는 못했다. 앞서 사울이 대제사장 아히멜렉과 그와 친척 관계에 있는 제사장들을 모두 죽여버렸기 때문이다. 다급해진 사울은 엔돌의 무당을 찾아가고, 그곳에서 자기 죽음에 관한 예언을 듣는다.

다음 날, 이스라엘은 크게 패하여 길보아 산까지 도망치고 사울과 그의 세 아들은 예언대로 그곳에서 죽는다. 크게 승리한 블레셋은 사울의 시체를 벧산 성벽에 매달았다. 그 소식을 들은 길르앗 야베스 사람들이 밤길을 달려 사울의 시체를 가지고 와서 예를 갖춰 장사지내고 7일 동안 금식했다. 그들은 오래전 사울이 야베스 성을 구해준 은혜를 갚은 것이다.

이로써 하나님께 불순종했던 사울의 시대가 저물고, 이스라엘의 새로운 왕 다윗의 시대가 시작된다.

▶ 다윗의 정복 전쟁

사무엘하 : 5장 6~9절, 8장, 5장 17~25절, 10장 | **역대상** : 11장 6~8절

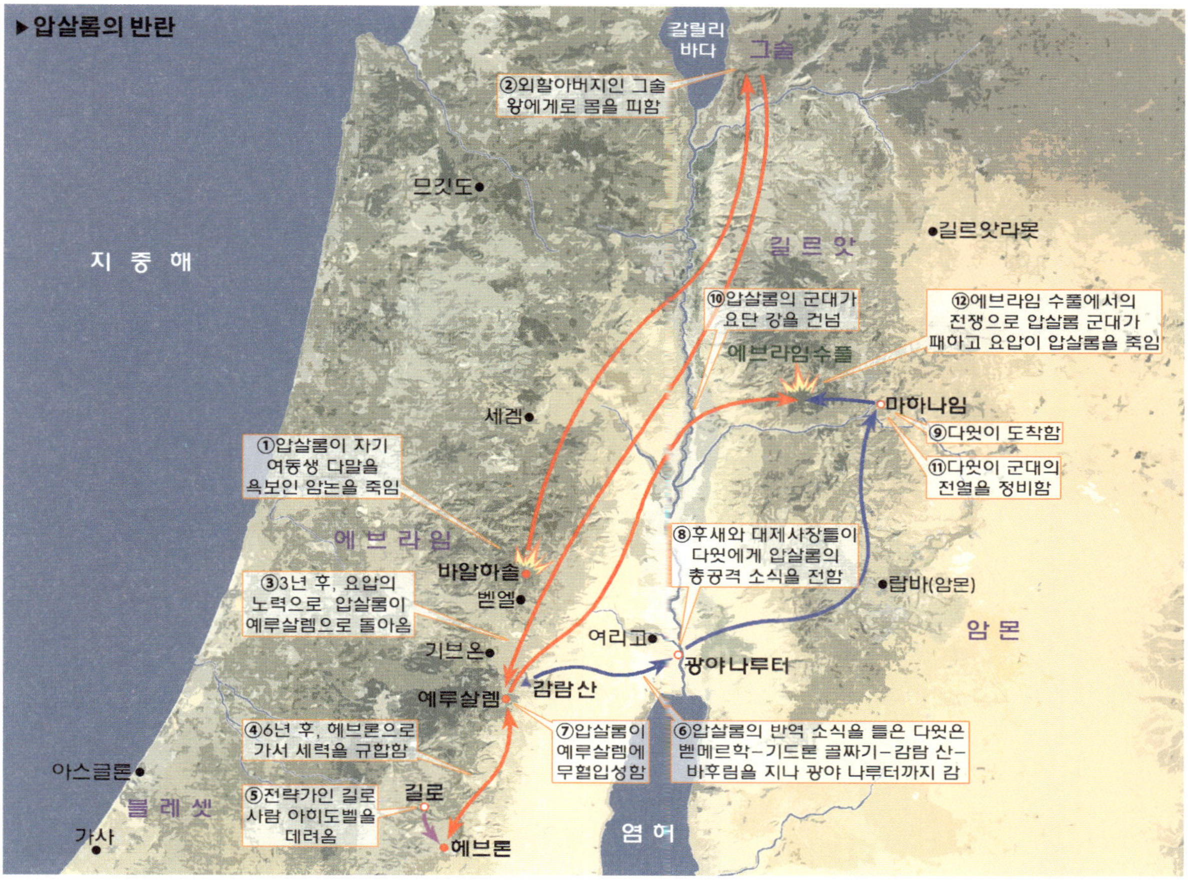

사무엘하 : 13장 23~39절, 14장 23절, 15장 7~37절, 16~18장

압살롬의 반란은 다윗의 범죄와 관련이 있다. 다윗은 어느 날, 아름다운 여인을 보고 반한다. 그녀는 다윗의 30인 용사 중 한 명인 우리아의 아내 밧세바였다. 다윗은 우리아를 위험한 전쟁터로 보내어 죽게 하고 밧세바를 아내로 맞는다. 이에 한 예언자(나단)가 다윗에게 하나님의 분노와 저주를 전해준다.

다윗에겐 많은 아들, 딸이 있었는데 압살롬은 셋째였으며 다말과는 한 어머니에서 난 친남매였다. 하루는 다윗의 장남 암논이 다말을 농락하고 욕보였는데도, 다윗은 아무런 조치를 취하지 않았다. 복수의 칼을 갈던 압살롬은 2년 후 암논을 죽여버린다.

압살롬은 그술 왕인 외할아버지에게 몸을 피했고, 3년 후 요압이 다윗을 설득해 예루살렘으로 돌아온다. 이때 벌써 압살롬은 반역을 도모하고 있었던 듯하다.

압살롬이 헤브론에서 반역을 일으켰다는 소식을 듣자 다윗은 모든 것을 두고 도망가 버린다. 다윗은 이것을 우리아를 죽이고 밧세바를 차지한 것에 대한 하나님의 저주로 이해한 듯하다. 압살롬이 예루살렘에 무혈입성하고 병력을 모으며 준비하는 동안 다윗을 따르던 많은 사람이 마하나임에 모였다.

결국 이 반란은 에브라임 수풀의 전투에서 압살롬이 죽음으로 하나님의 저주가 완성된 뒤 막을 내리게 된다. 밧세바가 낳은 솔로몬은 다윗을 이어 이스라엘의 왕이 된다.

사무엘하 | **열왕기상** : 1~11장

열왕기상 : 12~22장

이스라엘은 다윗 왕 통치 기간에 정치적·군사적으로 최고의 전성기를 이룬다. 이스라엘의 지배력은 가나안 주변 에돔, 모압, 암몬, 다마스쿠스, 블레셋, 그술, 하맛, 두로 등으로 광범위하게 미쳤으며, 그들은 이스라엘의 직·간접 지배를 받았다.

솔로몬은 다윗과 밧세바 사이에서 난 아들로 다윗의 뒤를 이어 이스라엘의 3대 왕이 되었으며, 다윗의 영토를 더욱 확장하여 유프라테스 강 딥사에서부터 블레셋 가사까지 다스렸다. 그는 이스라엘의 번영을 이끌었고, 예루살렘 성전을 건축하기도 했지만, 아내로 맞이했던 이방 여자들로 인해 우상에 빠지면서 하나님의 분노를 사 이스라엘이 남북으로 갈라지는 원인을 제공했다.

솔로몬이 우상에 빠져 타락하자 이스라엘의 대적들이 급격히 세력을 확장하기 시작했다. 솔로몬이 죽은 후 이스라엘은 남유다와 북이스라엘로 갈라져 극심한 분열과 혼란에 빠지게 된다. 그동안 이스라엘의 지배를 받던 민족들은 독립을 선언하고 이스라엘의 영토는 급격히 줄어든다.

▶아비얌과 여로보암의 전쟁

열왕기상 : 15장 1~8절 | 역대하 : 13장 3~19절

▶이집트의 유다 침략

역대하 : 14장 9~15절

여로보암은 북이스라엘의 초대 왕이었다. 그는 백성들이 제사를 지내기 위해 유다의 수도인 예루살렘 성전으로 내려갔다가 배신할지 모른다는 생각에 벧엘과 단에 금송아지 상을 두어 섬기게 하고 일반 백성을 제사장으로 세웠다. 절기도 마음대로 정했다. 여로보암은 이스라엘이 우상 숭배로 가는 길을 활짝 연 왕이었다.

아비얌은 분열된 남유다의 두 번째 왕으로 유다와 이스라엘의 국경이 맞닿는 부분인 스마라임 산 부근에서 여로보암의 군대와 결전을 벌였다. 이스라엘 군대는 둘로 나눠 유다군의 앞과 뒤를 포위하여 공격했지만 온전히 하나님께 의지했던 유다군이 승리한다. 이 전투로 이스라엘은 50만 명이 전사하고 패퇴한다. 유다군은 북쪽의 벧엘, 에브론, 여사나 등 세 성읍을 점령하게 된다.

유다의 3대 왕 아사 때 이집트 장군인 에티오피아 사람 세라가 대군을 이끌고 마레사까지 쳐들어왔다. 아사의 유다군은 마레사에서 이집트군을 공격하여 대승을 거두고 블레셋 지역인 그랄까지 뒤쫓아가서 그랄 주변 성까지 공격하고 약탈했다.

열왕기상 : 15장 17~22절

열왕기상 : 16장 6~20절

이스라엘 3대 왕 바아사는 유다와 이스라엘의 접경지대에 있던 라마를 점령했다. 그는 교통의 요충지인 라마를 유다 공격을 위한 전진기지로 삼고 이스라엘 백성들이 종교적·정치적 이유로 유다로 가는 걸 막으려 했다. 예루살렘에서 불과 6km 떨어진 곳에 이스라엘의 요새가 만들어진 것은 유다에 큰 위협이었다. 그래서 유다 3대 왕 아사는 다메섹에 있던 아람 왕 벤하닷에게 예물을 보내어 이스라엘 북쪽인 납달리 지역을 공격하게 한다. 바아사는 갑자기 후방을 공격하는 아람을 막기 위해 할 수 없이 물러난다. 아사는 비어있는 라마를 점령하고 바아사가 요새를 지으려고 마련했던 자재를 차지한다. 이 사건 후에 예언자 하나니는 아사를 찾아와 하나님께 의지하지 않고 아람에게 의지한 아사에게 하나님의 분노를 전한다.

이스라엘 군대가 블레셋 지역의 깁브돈을 공격하려고 내려가 있었는데, 이스라엘의 4대 왕 엘라는 당시 수도인 디르사의 한 신하의 집에서 술을 마시고 있었다. 그때 이스라엘의 장군 시므리가 엘라를 죽이고 왕이 되었다. 깁브돈을 공격하려고 이스라엘 군대를 지휘하던 오므리는 이 소식을 듣고 군대를 이끌고 디르사로 쳐들어왔다. 오므리가 왕궁까지 점령하자 시므리는 왕궁에 불을 지르고 스스로 그곳에 들어가 죽었다. 시므리가 왕으로 있었던 기간은 불과 7일이었다.

열왕기상 : 20장 1~34절, 22장 29~40절

역대하 : 20장 1~34절, 22장 29~40절

이스라엘 7대 왕 아합 때 아람이 다시 침략해 왔다. 이스라엘은 하나님의 도우심으로 두 번에 걸친 아람과의 전쟁에서 대승을 거두었다. 마지막엔 아람 왕 벤하닷 2세를 포로로 잡고 빼앗겼던 성을 돌려받았으며, 아람의 다마스쿠스 성에서 무역에 대한 특혜를 받기로 했다. 그러나 아합이 벤하닷 2세를 살려준 것은 하나님의 뜻에 어긋나는 것이었다. 그와 함께 음모로 나봇을 죽이고 포도원을 빼앗은 일로 인해 아합은 하나님의 저주를 받는다.

3년 후, 아합은 벤하닷 2세가 돌려주기로 했던 길르앗라못 성을 주지 않자, 그 성을 되찾으려고 출정했다가 벤하닷 2세의 아람군에게 목숨을 잃고 만다. 이때 유다 4대 왕 여호사밧이 아합과 함께 출정했는데 당시 아합의 딸과 여호사밧의 아들은 정략결혼을 한 상태였다.

유다 4대 왕 여호사밧 때 모압, 암몬, 마온 연합군이 쳐들어 왔다. 여호사밧은 온전히 하나님께 의지하며 무장한 군인이 아닌 찬양대를 맨 앞에 세우고 진군했다. 드고야 광야의 적군이 보이는 곳에 이르렀을 때 적은 이미 전멸해 있었다. 각각 다른 종족으로 이루어진 연합군은 상대방을 불신하여 서로 공격해서 자멸한 것이다.

▶엘리야의 행적

열왕기상 : 17~19장 | **열왕기하** : 1장, 2장 1~12절

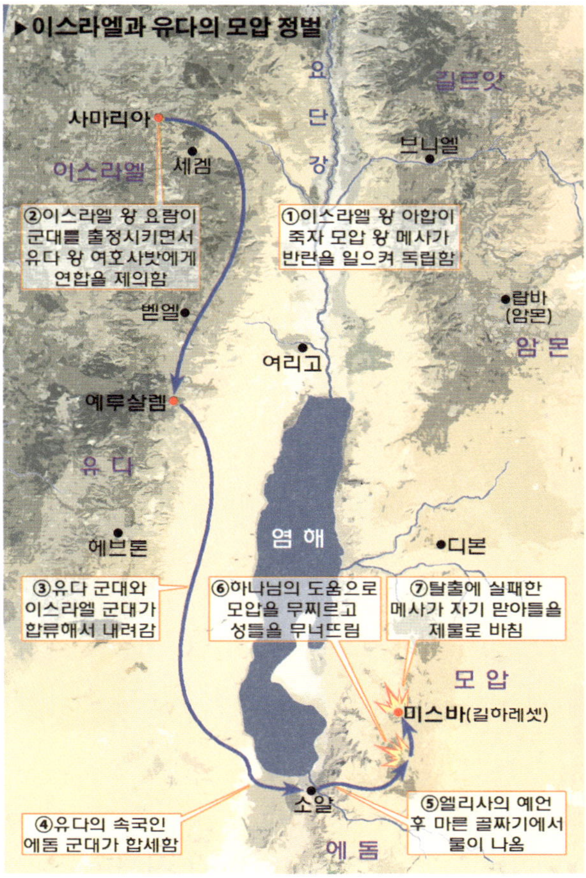

▶이스라엘과 유다의 모압 정벌

▶아람의 이스라엘과 유다 침략

열왕기하 : 3장 4~27절

열왕기하 : 10장 32~33절, 12장 17~18절
역대하 : 24장 23~24절

이스라엘의 속국이었던 모압 왕 메사는 이스라엘 7대 왕 아합이 죽고 세력이 약해진 틈에 반란을 일으키고 독립을 선언했다. 이스라엘은 아합의 아들이자 8대 왕 아하시야가 일찍 죽자 그의 동생 요람이 9대 왕이 되었다. 그는 유다 4대 왕 여호사밧에게 연합을 제의하고 모압을 정벌하기로 한다. 아합의 딸, 즉 요람의 누이가 여호사밧의 며느리였다.

예후는 반란을 일으켜 이스라엘 9대 왕 요람과 유다 6대 왕 아하시야를 죽이고 이스라엘 10대 왕이 되었다. 그리고 아람에서는 하사엘이 벤하닷 2세를 죽이고 왕이 되었다. 하사엘은 예후 때 요단 강 동쪽인 갓, 르우벤, 므낫세 동쪽 지역을 점령했다.

유다 5대 왕 여호람 때, 블레셋과 아라비아 사람들이 왕궁까지 쳐들어와 여호람의 아내와 아들을 잡아가는 바람에 막내인 아하시야만 남았다. 여호람이 죽자 아하시야가 6대 왕이 되었고, 아하시야와 요람이 예후에 의해 살해되자 유다 왕실에는 왕이 될만한 사람이 없었다. 그러자 아하시야의 어머니 아달랴가 유다 7대 왕이 되어 횡포를 일삼았다.

당시 한 살이었던 아하시야의 아들 요아스는 신하들의 도움으로 숨어서 성장하다가 7세 되던 해 유다 8대 왕이 되었고, 신하들은 아달랴를 죽였다.

요아스는 말년에 우상에 빠져 타락했다. 그 죄로 인해 아람의 하사엘이 예루살렘까지 침략했으며, 요아스는 신하들에게 암살당했다.

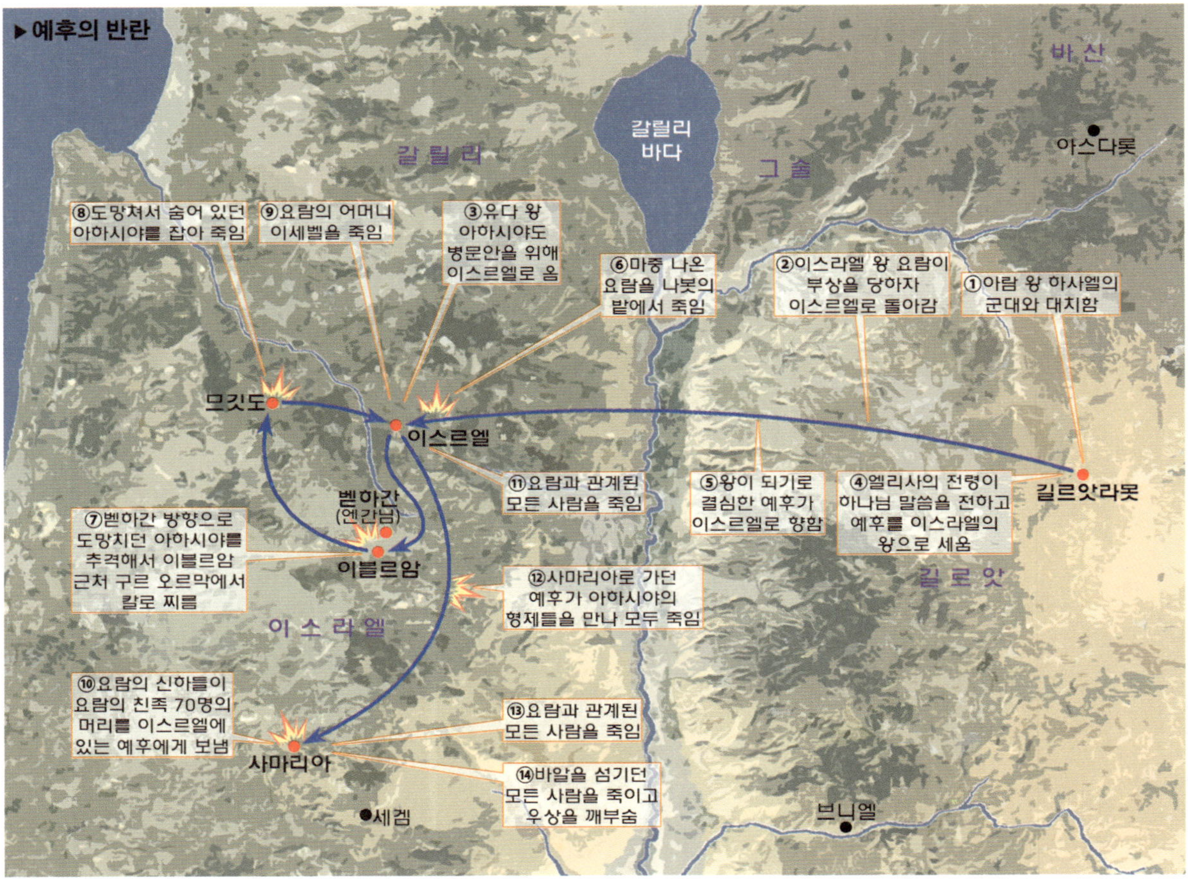

열왕기하 : 9~10장

예후는 길르앗라못에서 아람군과 대치 중이었는데, 이스라엘 9대 왕 요람이 부상을 당하자 별궁이 있는 이스르엘로 돌아갔다. 요람의 조카였던 유다 6대 왕 아하시야도 병문안을 위해 이스르엘로 갔다. 그때 엘리사의 전령이 길르앗라못의 예후에게 와 기름을 붓고 왕이 될 것을 예언한다. 그 말을 들은 다른 장군들이 그 자리에서 예후를 왕으로 세웠는데, 요람 왕이 부상으로 그곳에 없었던 것은 하나님께서 뜻을 이루시려고 하신 것이다.

예후는 그 길로 이스르엘로 가서 반란은 생각지도 못했던 요람과 아하시야를 죽이고, 이스르엘에 있던 아합의 아내이자 요람의 어머니 이세벨도 죽인다.

이스라엘의 수도 사마리아에서 이 소식을 들은 신하들은 아합의 후손 70명을 죽여서 예후에게 보낸다. 예후는 이스르엘에 있던 아합 집안의 모든 사람과 사마리아로 향하던 중 만난 아하시야의 친척 42명을 죽인다. 예후가 사마리아에 있던 아합과 관계된 모든 사람을 죽임으로써 하나님께서 아합에게 내린 저주가 실현된다.

한편 이스라엘의 10대 왕이 된 예후는 바알을 섬기던 모든 사람을 죽이고 우상을 없앴다.

열왕기하 : 2장 13~25절, 3장 12~19절, 4~7장, 8장 1~13절, 9장 1~3절, 13장 14~21절

열왕기하 : 14장 7~20절
역대하 : 25장 5~14절, 25장 20절

열왕기하 : 14장 22절, 25~28절
역대하 : 26장 6~8절

유다 8대 왕 요아스가 암살당하자 그의 아들 아마샤가 9대 왕이 되어 자기 아버지를 암살한 자들을 다 죽였다. 아마샤는 홍해로 연결되는 남방 무역로를 확보하려는 목적으로 유다 5대 왕 여호람 때 독립한 에돔을 정벌하려고 했다. 그는 병력이 부족하자 이스라엘 병사 10만 명을 고용했다. 한 예언자가 하나님께서 버린 이스라엘과 연합하는 것을 경고하자 아마샤는 이스라엘 병력을 모두 돌려보내고 유다 군대만을 데리고 에돔 정벌에 나선다.

아마샤는 에돔에 크게 승리하지만 그때 전리품으로 가져온 에돔의 우상을 섬겨서 하나님의 분노를 산다. 아마샤는 이스라엘과의 벧세메스 전쟁에서 패하여 포로로 잡히고, 훗날 유다로 다시 돌아와 왕위에 앉지만 백성들의 반란으로 죽게 된다.

아마샤가 죽자, 그의 아들 아사랴가 유다 10대 왕이 되었다. 그는 하나님의 말씀을 따라 살며 블레셋을 완전히 정복하고, 사해 남동쪽 아라비아 사람들과 마온 사람들을 점령했으며, 암몬도 속국으로 삼았다.

이스라엘은 여로보암 2세가 13대 왕이 되었다. 그는 앗시리아의 침략으로 아람이 약해진 틈을 타 하맛과 다메섹까지 원래 영토를 회복했다.

이로써 유다와 이스라엘 영토는 솔로몬 이후 가장 넓어지게 된다.

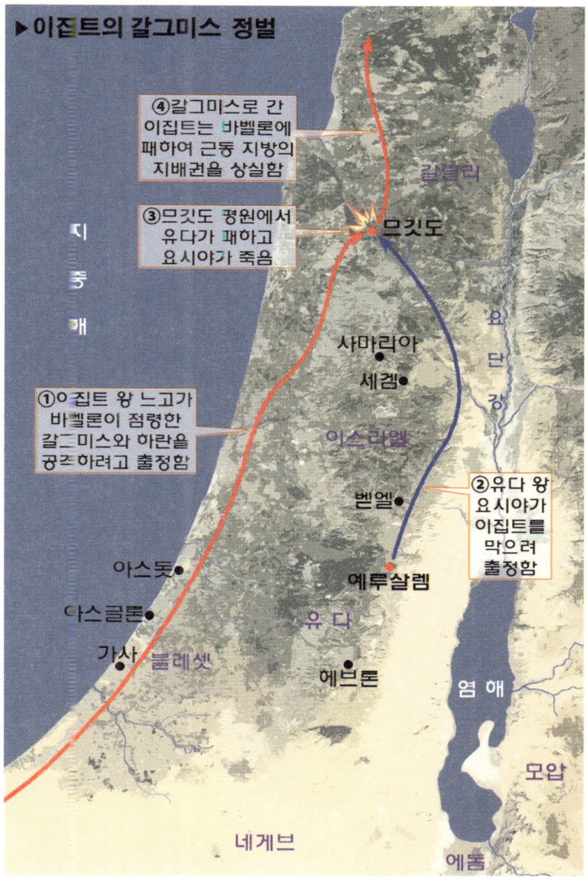

열왕기하 : 15장 29절

이스라엘 18대 왕 베가 때 앗시리아가 쳐들어와 갈릴리 지방과 납달리 지파의 모든 땅, 그리고 길르앗까지 점령했다. 이때는 앗시리아의 세력이 점차 커지는 때여서 이스라엘은 빈번한 침략에 시달려야 했다. 이스라엘 19대 왕 호세아 때 앗시리아는 3년간 사마리아를 포위했다가 호세아 9년(B.C.722년)에 마침내 이스라엘을 멸망시킨다.

앗시리아는 멸망한 이스라엘의 수많은 백성을 유프라테스강 북쪽으로 끌고 갔다.

열왕기하 : 23장 29~30절

이스라엘을 멸망시킨 앗시리아에 의해 유다도 빈번한 침략을 받게 된다. 하지만 유다 16대 왕 요시야 때, 새롭게 성장하던 바벨론에 의해 앗시리아의 수도 니느웨가 함락된다. 앗시리아는 이에 대응하려고 이집트와 연합하여 갈그미스에서 바벨론과의 결전을 준비한다.

요시야는 갈그미스로 가던 길목에 있는 므깃도에서 이집트 왕 느고를 막지만 결국 패하고 부상을 당하여 예루살렘으로 돌아와 숨을 거둔다.

갈그미스 전투에서 바벨론이 승리한다. 앗시리아는 세력이 약해져 멸망의 길을 걷게 되고, 느고는 이집트로 돌아가던 중 유다 17대 왕 여호아하스를 폐위하고, 그의 형 여호야김을 18대 왕으로 세운다. 바벨론의 세력이 가나안 남쪽까지 미치자 느고는 이집트로 물러나 다시는 나오지 못한다.

유다는 계속된 바벨론의 침략에 시달리다 유다 20대 왕 시드기야 11년(B.C.586년) 결국 멸망하고 만다. 시드기야는 사로잡혀서 아들들이 눈앞에서 죽는 걸 봐야 했고, 두 눈이 뽑혀 바벨론으로 끌려가 죽었다. 수많은 백성도 살육을 당하고 포로로 끌려갔다.

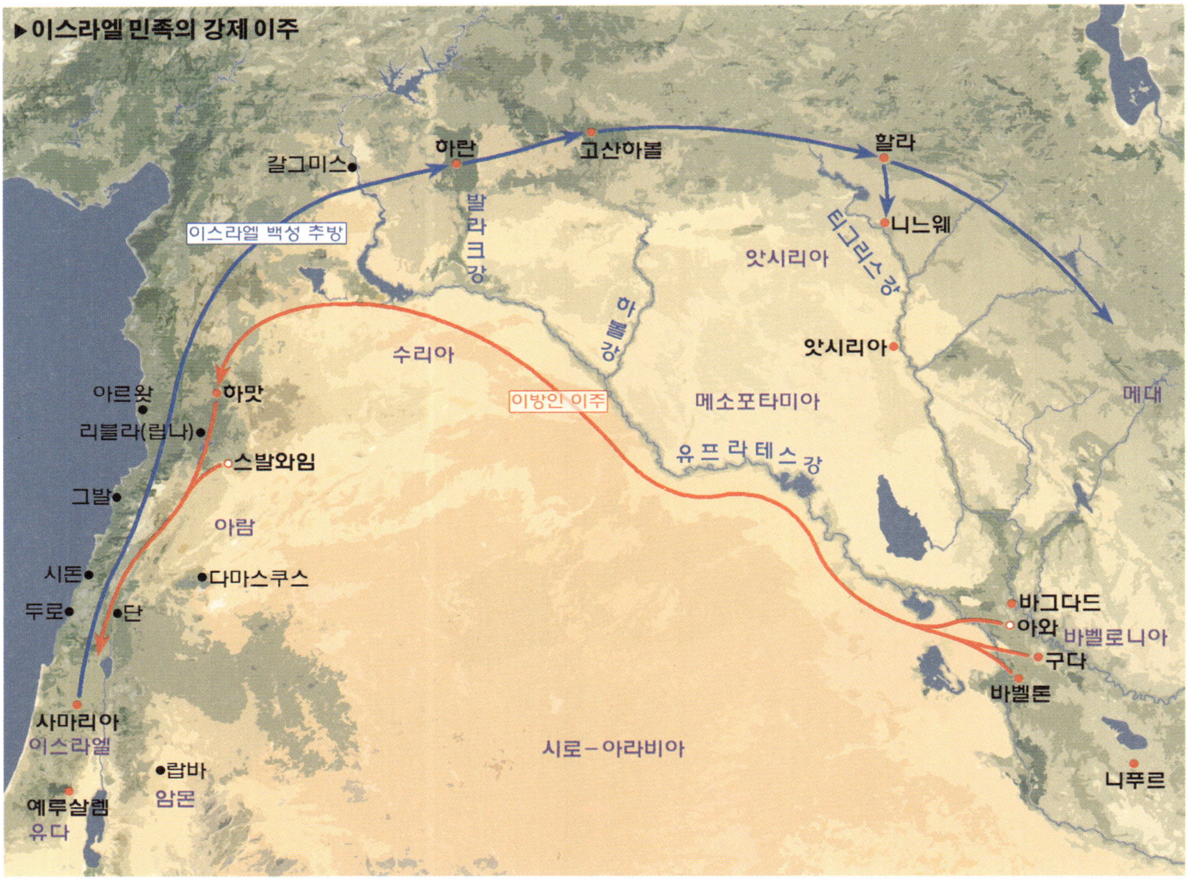

열왕기하 : 17장 6절, 24절 | **역대하** : 36장 20절

이스라엘을 멸망시킨 앗시리아는 수많은 이스라엘 백성을 포로로 끌고 갔다. 그리고 유프라테스 강 인근의 이방인들을 가나안 땅으로 이주시켰다. 이는 민족성이 강한 점령지 백성을 흩어지게 해서 결속력을 약화시키고, 반란을 막으려는 정책의 결과였다.

유다 13대 왕 히스기야 때부터 북쪽을 막아주던 이스라엘이 멸망하자 유다는 앗시리아의 세력과 직접적으로 부딪치게 된다. 앗시리아의 침략 때마다 수많은 백성이 포로로 끌려간다.

갈그미스 전투에서 앗시리아와 이집트가 패하고 바벨론이 승리했다. 그러자 바벨론의 1차, 2차 침략이 이어졌고 많은 백성은 포로로 끌려가고, 바벨론 3차 침략으로 마침내 유다는 멸망한다.

바벨론도 앗시리아와 같은 이유로 수많은 백성을 바벨론 부근으로 끌고 갔다. 유다 민족은 하나님의 약속, 즉 70년간 포로 생활을 할 것이라는 예레미야의 예언(렘 25:11)을 믿고 긴 포로 생활을 해야 했다. 포로 생활은 페르시아 제국이 일어서서 바벨론이 멸망할 때까지 계속되었다.

▶느헤미야 때의 예루살렘 성

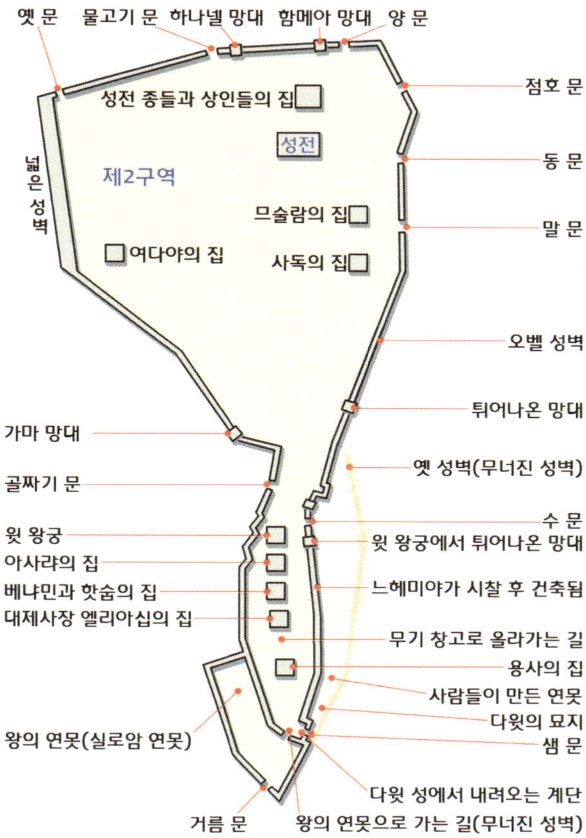

느헤미야 : 2~4장

바벨론의 유다 1차 침략으로 포로로 끌려간 지 70년, 바벨론의 유다 3차 침략으로 멸망한 지 49년 만에 유다 포로민들은 페르시아 고레스 왕에 의해 해방되었다. 하지만 70년 동안 바벨론에 정착한 유다 백성 중에는 그곳에서 형성한 모든 것을 버리고 폐허가 된 예루살렘으로 돌아가는 걸 원하지 않는 사람들이 많았다. 그래서 일부만 예루살렘으로 돌아왔다.

귀향은 3차에 걸쳐 이루어졌는데 1차 때 스룹바벨과 예수아는 사마리아인들의 방해 속에서도 제단과 성전을 재건했고, 2차 때 에스라는 신앙 개혁 운동을 했으며, 3차 때 느헤미야는 이방인들의 방해 속에서도 예루살렘 성벽을 재건했다. 당시 유다가 있던 팔레스타인 지역은 이방인들이 세력을 장악하고 있었는데 그들에게는 갑자기 몰려와 성을 쌓는 유다 백성이 위협적으로 보일 수밖에 없었다.

느헤미야는 사마리아의 총독 산발랏과 암몬의 지도자 도비야의 계속되는 위협과 방해 속에서도 백성들을 일사불란하게 지휘해서 단 52일 만에 예루살렘 성벽을 재건한다. 그 후, 유다 백성들은 절기를 지키고, 회개하고, 하나님의 율법과 계명을 지키기로 서약한다.

말라기 시대에 이스라엘 백성들은 또다시 불순종하고 타락한다. 그들에게 내린 하나님의 경고를 끝으로 이스라엘 역사는 400년간의 침묵의 시대로 접어들게 된다.

▶신약 시대 헤롯 왕들의 영토

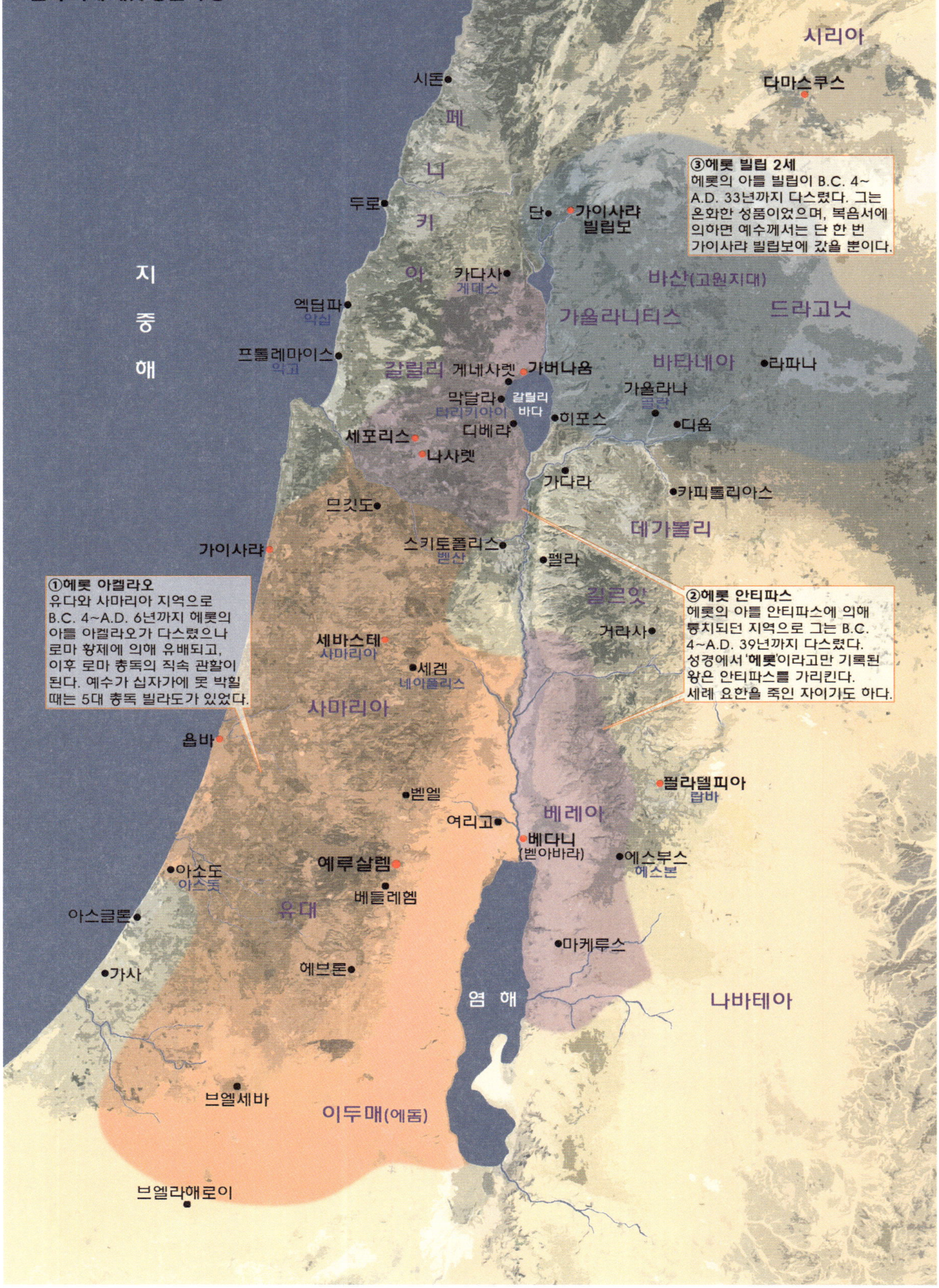

▶예수 그리스도의 탄생

마태복음 : 1장 18~25절, 2장 | **누가복음** : 1장 26~80절, 2장

B.C.5년경, 요셉과 마리아는 인구조사를 하기 위해 고향인 베들레헴을 찾았다가, 숙소를 구할 수 없게 되어 결국 마구간에서 예수님을 낳게 된다. 광야에 있던 목자들은 천사의 이야기를 듣고 예수님을 찾아와 하나님께 영광 돌리고, 찬양하며 돌아간다.

1년이 지난 B.C.4년경, 유프라테스 강 북쪽 메소포타미아 지역에서 온 것으로 보이는 동방박사들이 헤롯 왕을 찾아와 유대 왕이 어디서 나셨는지 묻는다. 유대의 왕이 태어났다는 것은 이두매(에돔)사람이었던 헤롯 왕과 정치적·종교적으로 혼란스러운 상황에 처한 유대 사람들에게 충격이었다. 헤롯 왕은 동방박사들에게 대제사장과 율법학자들을 통해 성경에 기록된 베들레헴에서 유대 왕이 나신다는 예언(미 5:2)을 알려주고, 그 아기를 찾으면 자신도 경배하고 싶으니 꼭 알려달라고 당부한다.

베들레헴으로 간 동방박사들은 아기 예수를 찾아 황금, 유향, 몰약을 예물로 드리고 경배했다. 그들이 드린 세 예물로 동방박사가 3명이라고도 하지만, 실제로는 이보다 훨씬 많았을 것이다.

아기 예수를 만난 동방박사들은 꿈에서 헤롯에게 돌아가지 말라는 계시를 받고 예루살렘을 거치지 않고 자기 나라로 돌아가 버린다.

동방박사들에게 속았다는 것을 안 헤롯 왕은 자기에게 위협이 되는 유대 왕을 살려둘 생각이 없었다. 그는 동방박사들에게 들은 시간을 계산해서 베들레헴 주변의 두 살 이하 사내아이를 모두 죽이는데, 당시 베들레헴의 규모로 봤을 때 그 숫자는 약 20명 정도로 추정된다. 헤롯의 영아 살해에도 예수님은 안전했다. 하나님의 인도로 요셉의 가족은 이집트로 피신한 뒤였기 때문이다. 얼마 뒤, 헤롯 왕이 죽자 요셉의 가족은 이집트를 나와 갈릴리 지방의 나사렛이라는 작은 마을에 가서 살았다.

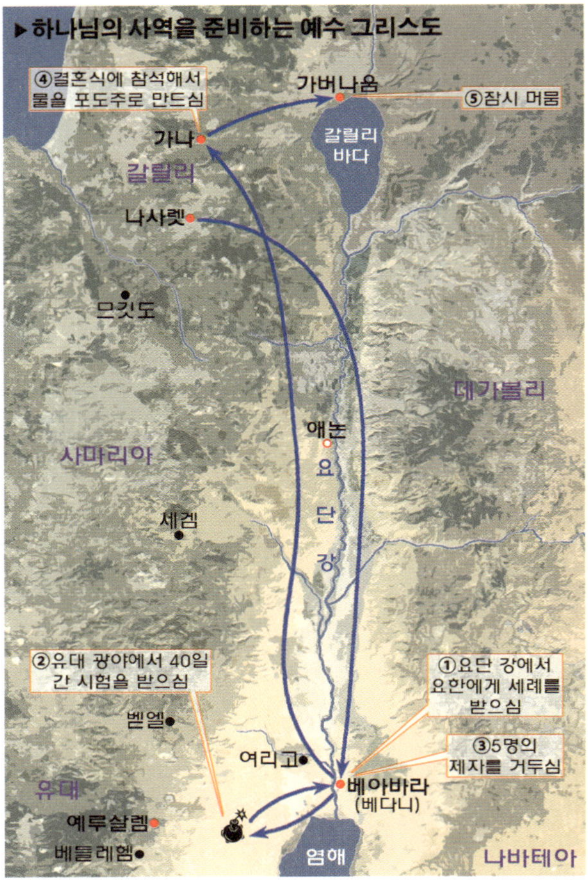

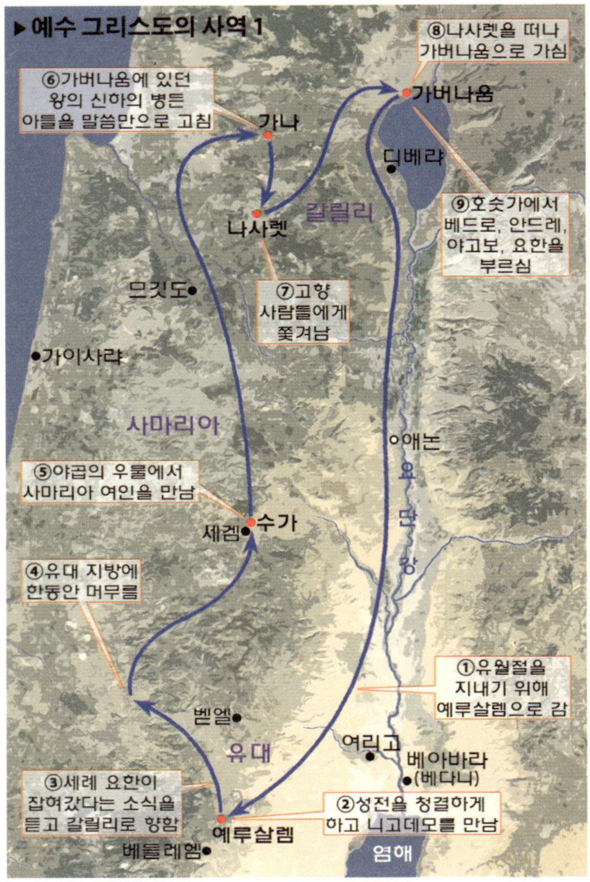

마태복음 : 3장 13~17절, 4장 1~22절 | **마가복음** : 1장 9~20절 | **누가복음** : 4장 1~31절, 5장 1~11절
요한복음 : 1장 28~51절, 2장, 3장 1~23절, 4장

유대 사람들은 침묵의 시대를 거치며 로마의 압제 속에서 메시아를 기다렸다. 그런데 400년 만에 하나님의 말씀을 전하는 사람이 등장하자 그 소문은 순식간에 유대 전역에 퍼져 나갔으며, 많은 유대 사람이 흥분과 기대를 품고 세례 요한에게 몰려들었다. 세례 요한은 율법과 선지자의 구약 시대와 새롭게 다가오는 신약 시대를 이어주고, 예수 그리스도의 길을 앞서 준비하는 사람이다.

예수께서는 나사렛에서 요단 강으로 가셔서 요한에게 세례를 받으셨다. 이것은 예수께서 군림하는 왕이 아닌 겸손하고 낮은 왕으로 오셨음을 보여준다. 예수님은 유대 광야에서 40일간 시험을 받으심으로 하나님의 사역을 시작할 준비를 마치시고, 베다니로 가셔서 5명의 제자를 거두신다.

가나에서 친척으로 보이는 집안의 결혼식에 참석하신 예수님은 물을 포도주로 만드는 첫 이적을 행하시고, 가버나움에 잠시 들르신다. 그의 사역의 중심지인 가버나움을 잠시 살펴보려고 가신 것으로 생각된다.

그 후, 예루살렘으로 가신 예수님은 세례 요한이 잡혔다는 소식을 듣고 갈릴리로 향하신다. 이 사건은 예수님의 길을 미리 준비했던 세례 요한의 사역이 끝나고, 예수님의 사역이 본격적으로 시작됨을 알려주는 것이라 할 수 있다.

예수님은 유대인들이 경멸하던 사마리아 땅을 지나 갈릴리로 들어가시고, 가나와 나사렛을 거쳐 다시 가버나움으로 가신다. 그리고 그곳의 갈릴리 호숫가에서 베드로, 안드레, 야고보, 요한을 제자로 삼으시는데 이들은 앞서 베다니에서 이미 예수님을 만났다. 요한과 야고보는 예수님의 사촌인 듯하다. 그들은 예수님의 말 한마디에 모든 걸 버려두고 따라나서게 된다.

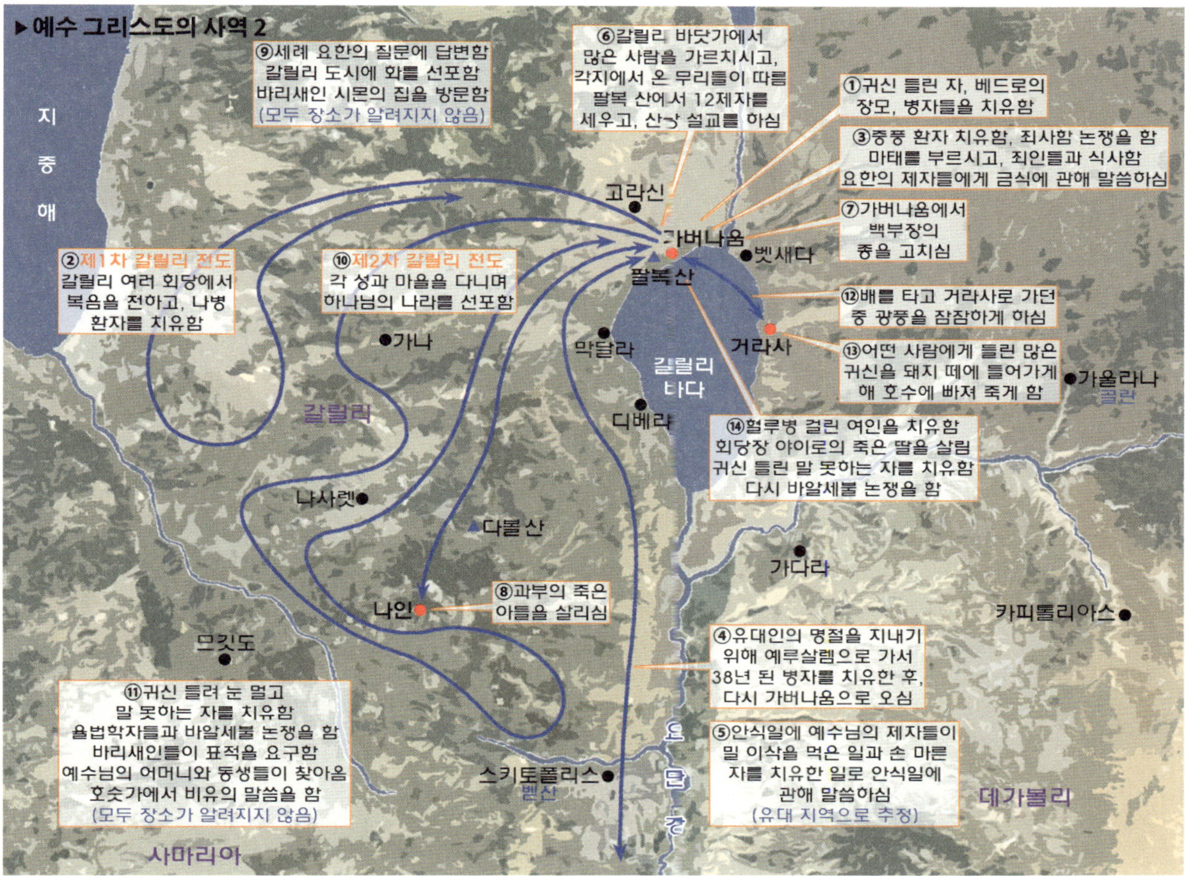

마태복음: 4장 23~25절, 5~12장 | **마가복음**: 1장 21~45절, 2~5장 | **누가복음**: 4장 31~44절, 5~8장 | **요한복음**: 5장 1~9절

이즈음 예수께서는 갈릴리 지방에서 집중적으로 사역하신다. 회당에서 백성들을 가르치고, 천국 복음을 선포하고, 백성의 모든 질병과 아픔을 치유하셨다.(마 4:23) 여기서 질병이란 육체적인 병을, 아픔이란 정신적인 연약함을 가리킨다고 할 수 있다. 예수님의 치유는 인간의 죄와 함께 시작된 질병과 그로 인해 힘을 얻게 된 사탄의 통치를 분쇄하고 하나님의 통치가 시작됨을 알리는 의미가 있었다.

예수님의 활동으로 갈릴리의 유대 사람들뿐만 아니라 갈릴리 주변 유대와 예루살렘, 이두매, 두로, 시돈, 시리아, 그리고 멀리 데가볼리에서도 많은 사람이 와서 예수님을 따르고 예수께서는 그들을 거두어주신다. 이것으로 예수께서는 유대의 왕으로만 오신 것이 아니라 온 세상의 왕으로 오셨다는 것을 알 수 있다.

예수께서 8가지 복을 말씀하신 팔복 산은 가버나움 부근, 갈릴리 호숫가에 있는 낮은 언덕이다. 마태는 이 지역을 산상이라 표현했고, 누가는 평지라고 표현했다. 예수께서는 너무 많은 사람이 몰려와 장소가 비좁자 그곳에서 말씀을 전하시고, 열두 제자를 세우셨다. 그 후, 예수께서 배를 타고 거라사로 가셨다. 도중에 광풍이 불어닥쳤다. 대부분의 제자가 갈릴리 바다에서 어업에 종사하던 어부였음에도 공포에 빠질 만큼 매우 거친 광풍이었던 것으로 보인다. 예수께서는 비명을 지르는 제자들에게 믿음이 적음을 탓하시며, 바다와 바람을 꾸짖으셨다. 바다와 바람은 이내 잠잠해졌다. 그동안 예수께서는 귀신에게 명령을 내리고, 질병을 치유하고, 죽은 사람을 살리기는 하셨으나 자연을 향해 명령을 내리기는 처음이었다. 이는 예수께서 우주와 자연의 질서를 다스리시는 창조주 하나님과 같은 권세를 가졌음을 나타낸다.

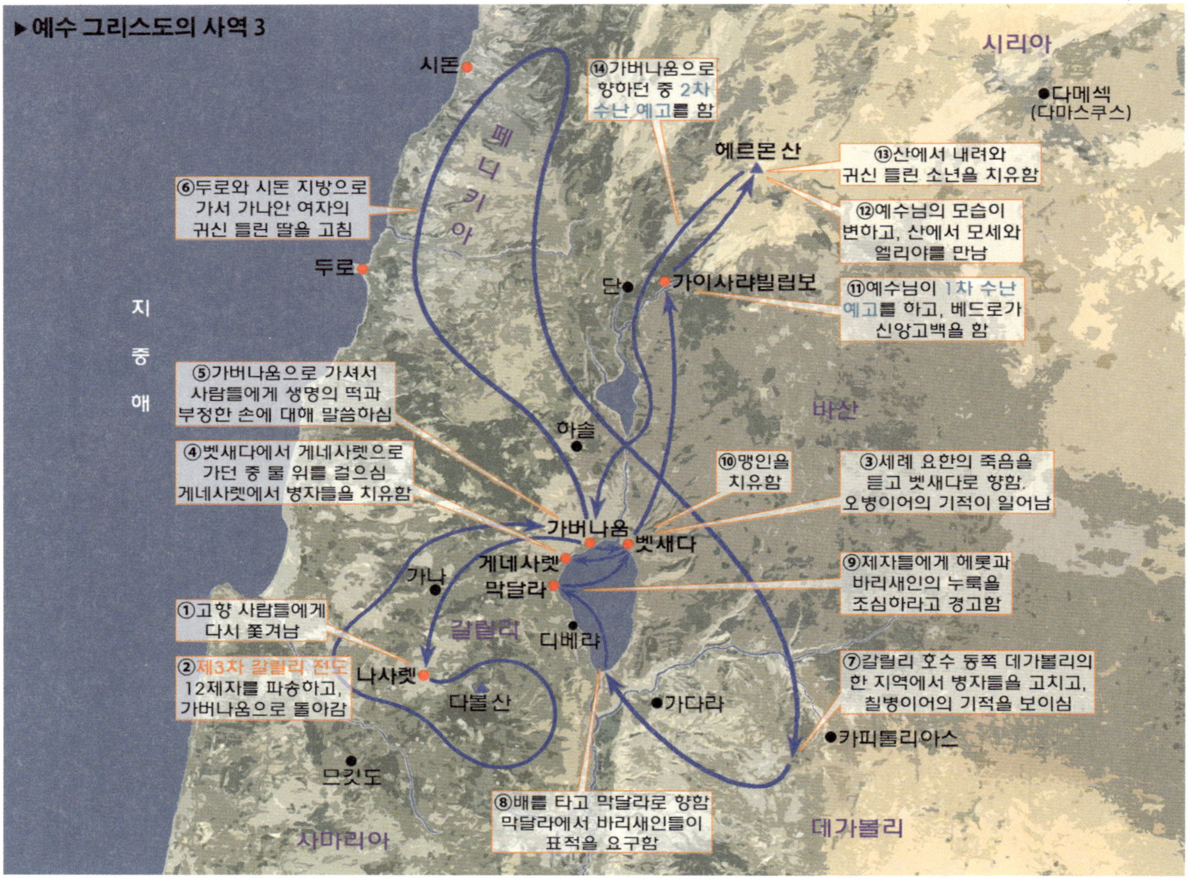

마태복음 : 9장 35~38절, 10장 1절, 13장 53~58절, 14장 13~34절, 15~17장 1~23절
마가복음 : 6~9장 1~31절 | **누가복음** : 9장 1~45절 | **요한복음** : 6장 1~66절

예수께서는 두 번째로 고향인 나사렛에서 배척을 당하신다. 그들은 예수님을 영적으로 보지 않고, 요셉과 마리아의 아들로만 봤기 때문에 믿지 않았다. 가버나움으로 돌아오신 예수님은 페니키아 지방으로 가시는데 두로와 시돈에 들어가셨는지는 알 수 없다. 예수님의 생애에서 전통적인 이스라엘 영토를 벗어나신 것은 그때가 처음이다. 그 후 예수께서는 이방인들의 땅인 갈릴리 호수 남동쪽 데가볼리 지방으로 내려가셔서 병자를 고치시고, 칠병이어의 기적을 보이시는데 많은 이방인이 따랐다. 이 또한 예수께서 유대만의 왕이 아니라 세상의 왕으로 오셨음을 보여주는 것이다. 이 지역에 대해 마태복음 15장 29절에는 '갈릴리 호숫가'라고만 표기되었는데 '갈릴리 호숫가 동쪽 데가볼리'라고 해석해야 적절한 듯하다.

그 후 예수께서는 갈릴리 호숫가로 올라오신 다음 배를 타고 가시는데, 마태는 '마가단'으로, 마가는 '달마누다'로 향했다고 기록하고 있다. 두 지역 모두 갈릴리 호숫가의 중요한 도시인 '막달라'를 가리키는 듯하다. 막달라는 예수와 함께 예루살렘까지 올라간 여자 중 막달라 마리아의 고향이기도 했다.

벳새다까지 오신 예수님은 제자들과 로마 황제 가이사와 그곳의 통치자 헤롯 빌립 2세의 이름을 딴 가이사랴 빌립보로 향하신다. 그리고 그곳에서 베드로는 예수님을 '살아계신 하나님의 아들 그리스도'라고 신앙고백을 한다. 당시 예수님을 따르는 사람들과 예수님의 제자들조차 그를 메시아로 받아들이지 않았다. 그런데 베드로는 그중 최초로 예수님을 메시아로 인정한 것이다. 예수께서는 거듭된 수난 예고를 통해 완전한 메시아의 증거인 십자가와 부활을 예고하신다.

마태복음 : 17장 24~27절, 19장 1절, 20장 17~34절, 26장 6~13절 | **마가복음** : 9장 33절, 10장 1절, 32~52절, 14장 3~9절
누가복음 : 9장 51~56절, 10장 1절, 13장 22절, 17장 11~19절, 18장 31~43절, 19장 1~10절 | **요한복음** : 7~11장, 12장 1~11절

유대 지도자들은 예수님의 수많은 기적을 듣고 보고서도 믿지 않고 그를 올가미에 씌워 죽이려고 했다. 그런 가운데 예수께서는 마지막으로 예루살렘을 향하면서 부인할 수 없는 기적을 보이신다. 예수께서 죽은 사람을 살린 경우는 앞서 야이로의 딸(막 5:22~43)과 나인 성 과부의 아들(눅 7:11~17)이 있었다. 하지만 이 두 경우는 죽은 지 얼마 지나지 않은 사람들이었기 때문에 완전히 죽지 않았다고 생각할 여지가 있었다.

예수께서는 나사로가 병들었다는 소식을 듣고도 "이 일을 통해 하나님과 하나님의 아들이 영광을 받게 될 것이다"(요 11:4)라며 이틀을 그냥 머물러 계셨다. 예수께서 베다니에 도착한 때는 나사로가 죽어 무덤에 묻힌 지 4일이나 지난 후였다. 예수께서 "나사로야 나오너라."는 말 한마디에 나사로는 무덤에서 살아서 나오게 된다. 이는 하나님께서 말씀 한마디로 천지를 창조하신 것과 같은 권세를 예수께서 지녔음을 보여주는 대목이며, 예수께서 곧 생명이요 부활임을 선포하는 것이다.

이 소식을 들은 유대 지도자들은 그동안의 수많은 기적을 믿지 않았듯이 이 부활 사건 조차 믿지 않았다. 그들은 오히려 더 많은 사람이 예수님을 따를 것을 두려워하며, 예수님을 죽이려고 다짐하고, 누구든지 예수님의 위치를 알면 신고하라는 명령을 내린다. 이에 예수께서는 에브라임이라는 마을로 잠시 물러나셨다가 유월절을 앞두고 구약의 예언을 완성하기 위해 다시 예루살렘으로 돌아오신다. 그는 마지막 수난 예고로 열두 제자에게 자신의 수난과 죽음 그리고 부활을 예고하신다.

▶ **예수 그리스도의 사역 5(마지막 일주일)**

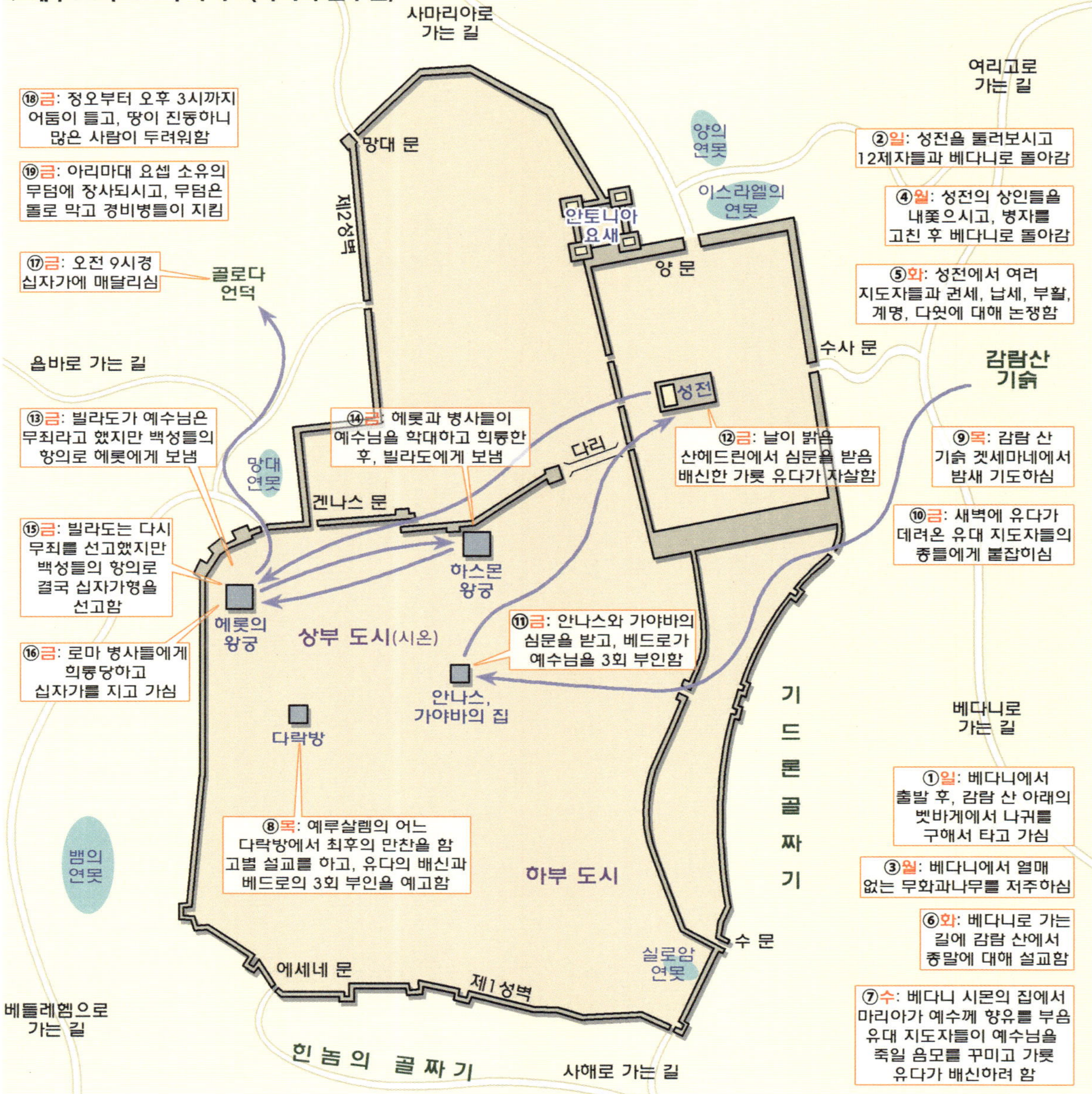

마태복음 : 21~27장 | 마가복음 : 11~15장 | **누가복음** : 19장 28~46절, 20~22장, 23장 1~54절
요한복음 : 12장 1~19절, 13~19장

예수께서는 스스로 십자가를 지고 죽음과 부활을 성취할 마지막 때가 왔음을 아시고 더는 피해 다니지 않으셨다. 예수께서는 스가랴 9장 9절의 예언처럼 어린 나귀를 타고 많은 사람의 환호를 받으며 예루살렘에 입성하신다. 이는 당시 많은 사람이 로마의 지배에서 해방해줄 군사적인 영웅을 기대했던 것과는 달리 예수님은 겸손한 모습으로 십자가에서 죽으심으로 세상을 구원할 메시아임을 나타내는 것이었다.

하지만 사두개인과 바리새인, 그리고 그들로 구성된 유대 최고의 의결 기관인 산헤드린 공회는 예수님의 수많은 기적을 보고서도 믿지 않고 끝내 예수님을 죽이려고 집념을 불태웠다. 결국 예수께서는 열두 제자 중 한 명인 가룟 유다의 배신으로 유대 지도자들에게 잡히시고, 그들에 의해 십자가에 달려 죽으신다. 예수께서 죽으시자 성전의 휘장이 찢어지고, 땅이 진동하고, 바위가 갈라졌으며, 많은 죽은 자가 살아났다. 조금 전까지 예수님을 희롱했던 로마의 백부장은 두려움에 떨며 "그는 참으로 하나님의 아들이셨다."(막 15:39)라고 고백한다. 한편, 평소 가이사랴에 있던 총독 빌라도는 예루살렘으로 와서 헤롯의 왕궁에 머물렀으며, 헤롯은 하스몬 왕궁에 머물렀던 것으로 보인다.

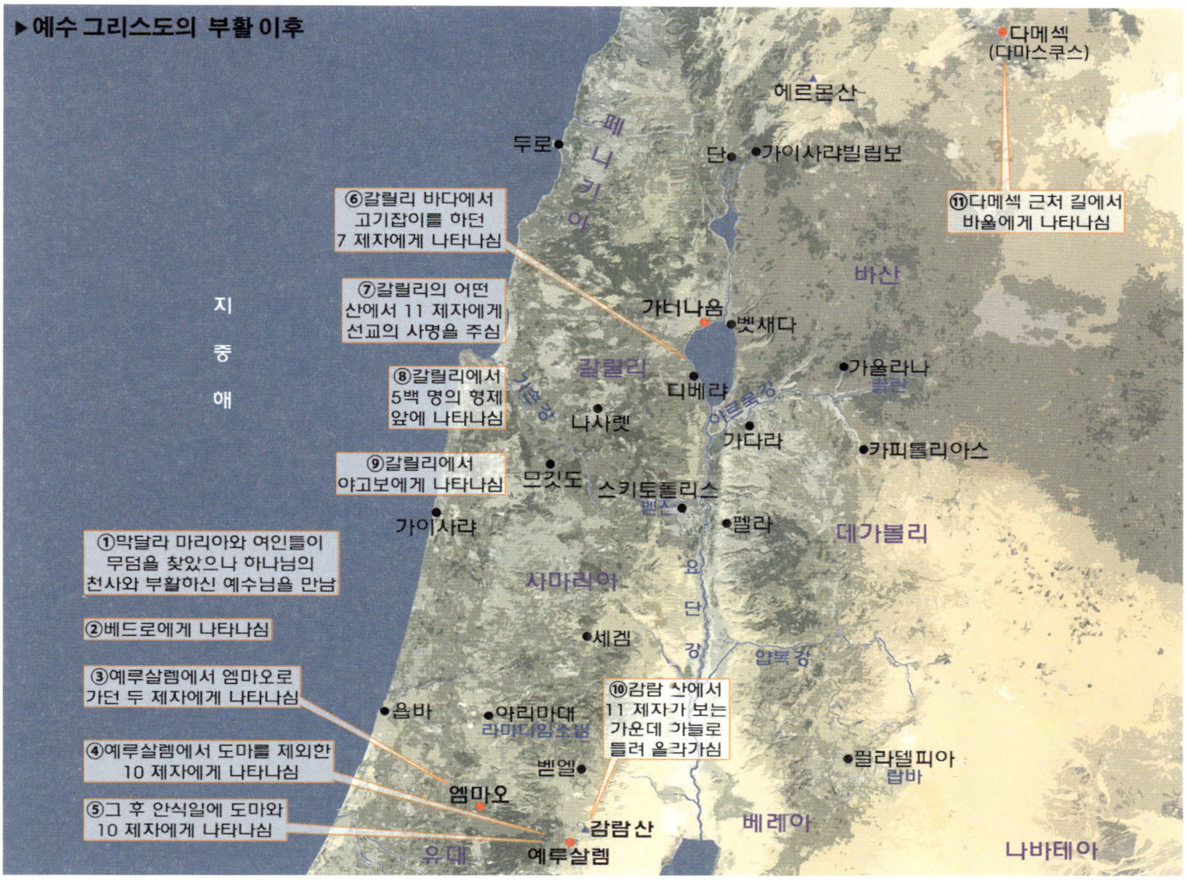

마태복음 : 28장 | **마가복음** : 16장 | **누가복음** : 24장 | **요한복음** : 20~21장
사도행전 : 1장 3~11절, 9장 1~6절 | **고린도전서** : 15장 6~8절

예수님이 죽으신 후에도 유대 지도자들은 예수께서 생전에 죽은 지 삭 일 만에 부활할 것이라는 말씀에 대해 걱정하고 있었다. 유대 지도자들은 총독 빌라도에게 요청하여 예수님의 무덤을 경비병들이 단단히 지키게 했다.

예수께서 죽으신 지 3일째 된 새벽, 막달라 마리아와 몇몇 여인이 예수님의 무덤을 찾았다. 하지만 큰 지진이 나고 무덤을 막고 있던 돌덩이는 치워져 있었으며, 예수님의 시신은 온데간데없고 빈 두덤만 있었다. 그리고 놀라는 여인들 앞에 하나님의 천사와 부활하신 예수님이 나타나셨다.

이 일은 무덤을 지키던 경비병들에 의해 곧장 유대 지도자들에게 보고되었다. 하지만 유대 지도자들은 경비병들을 돈으로 매수해 예수님의 제자들이 밤에 예수님의 시신을 훔쳐갔다고 소문을 내게 했다. 그들은 예수님의 수많은 기적을 보고도 믿지 않았던 것처럼, 예수님이 죽음 가운데 부활한 것이 그가 메시아임을 나타내는 결정적인 증거였음에도 끝내 믿지 않았다.

예수께서는 부활하신 후 40일 동안 제자들을 비롯해 많은 사람 앞에 나타나셨다. 그리고 제자들에게 "온 세상에 가서 모든 사람에게 복음을 전하라"(막 16:15)는 마지막 사명을 내리신다. 하나님께서는 유대인만의 하나님이 아니라 세상 모든 민족의 하나님이시며, 예수께서는 세상 모든 민족의 왕이시다. 예수께서는 감람산에서 제자들이 지켜보는 가운데 하늘로 들려 올라가셨다.

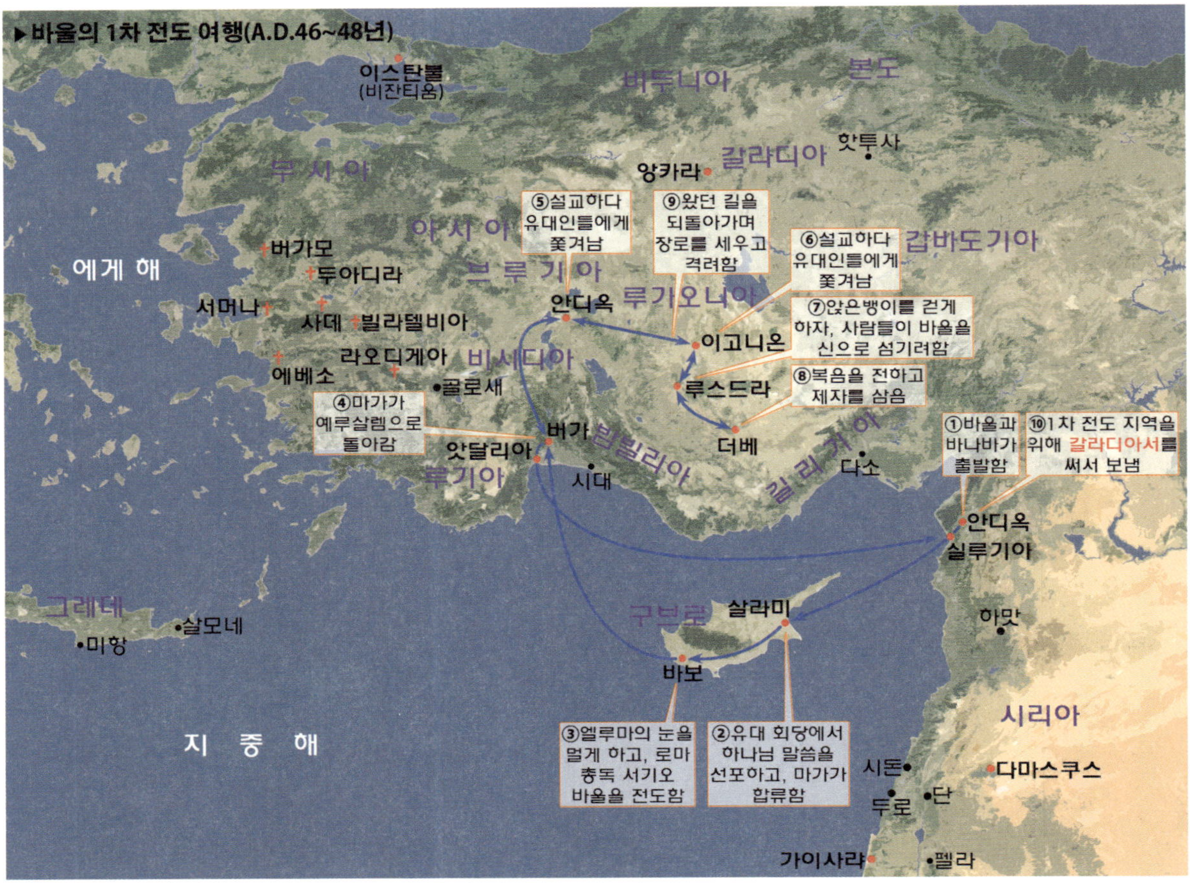

▶바울의 1차 전도 여행(A.D.46~48년)

사도행전 : 13~ 14장

바울은 길리기아 다소 출신의 유대 사람으로 베냐민 지파였다. 그는 모세 율법을 철저히 지키면서, 부활과 심판 그리고 메시아가 오실 것을 믿었던 바리새인의 율법학자였으며, 로마 시민권자였다. 처음에 바울은 예수님을 메시아로 인정하지 않았고, 예수님을 믿는 사람들을 박해하는 데 앞장섰다. 어느 날, 바울은 다메섹의 기독교인들을 색출해서 잡아들이려고 길을 가다가 다메섹 부근에서 예수님을 만나 그를 메시아로 받아들인다. 그는 평생 수많은 박해를 받으면서도 초기 기독교 복음 전파에 앞장섰던 가장 중요한 사람이 된다. 바울은 이방 선교의 사명(행 22:21)을 받아 스스로 '이방인의 사도'(갈 2:8)라 칭했다. A.D. 46년경 예루살렘에서 안디옥으로 돌아온 바울은 바나바와 함께 갈라디아 지방으로 1차 전도 여행을 떠나게 된다.

구브로 섬에 도착한 바울 일행은 살라미를 거쳐 바보로 가서 전도했다. 바보에는 로마 총독 서기오 바울이 있었는데 그는 바울이 말 한마디로 마술사 엘루마의 눈을 멀게 하는 것을 목격하고 주 예수님을 믿게 된다.

바울은 유대인으로서 자신을 자랑스럽게 생각했으며, 동족에 대한 애정이 각별했다. 그래서 동족이 구원받길 누구보다 원했고 어딜 가나 유대 회당을 먼저 찾아서 복음을 전했다. 하지만 많은 유대인은 바울을 박해하고 위협했으며 그로 인해 바울은 늘 유대인들에게 쫓겨 다니는 신세였다. 1차 전도 여행을 무사히 다녀온 바울은 그의 권위를 의심한 사람들에게 '기독교 자유 대헌장'이라는 평가를 받는 갈라디아서를 써서 보낸다.

사도행전 : 15장 40절~18장 22절

예수께서 부활, 승천하신 후 예루살렘 교회에서는 일곱 명의 집사(행 6:5)를 뽑았는데 그중에 가장 뛰어난 사람이 스데반이었다. 그는 기독교 최초의 집사이자 순교자였다.

예수를 죽음에 이르게 한 유대 지도자들은 예수님을 믿는 사람이 점점 늘어나자 시기심이 가득해서 사도들을 핍박하고 위협했다. 사람들은 스데반이 성전과 모세를 모독했다고 모함하여 그를 돌로 쳐 죽였다. 하지만 스데반은 "주여, 이 죄를 저들에게 돌리지 마소서."(행 7:60)라고 그들을 위해 기도하며 죽음을 받아들였다. 그 자리에는 바울도 있었는데 그 일이 있은 후, 바울은 기독교인들을 색출해서 잡아들이려고 다메섹으로 가다가 다메섹 부근에서 예수님을 만나 메시아로 받아들이게 된다.

스데반의 순교 후, 예루살렘에서는 대대적인 기독교인 탄압이 시작되었다. 하지만 예루살렘 교회의 성도들이 박해를 피해 각지로 흩어지면서 그동안 예루살렘을 중심으로 퍼지던 복음이 오히려 전 세계로 퍼지는 계기가 되었다.

박해를 피해 각지로 흩어진 성도 중 일부가 수리아의 안디옥에 정착하여 교회를 세우게 되었다. 당시 안디옥은 로마 3대 도시 중 하나로 약 40~50만 명이 살았으며 '동양의 여왕'이라 불릴 정도로 아름답고 화려했다.

안디옥에서 처음으로 '그리스도인'이라는 말이 사용되었으며(행 11:26), 그곳은 이방 교회의 시초가 되었다. 안디옥은 초대 교회 선교가 시작된 중요한 곳임과 동시에 바울의 선교 활동의 거점이기도 했다. 바울은 이방 지역인 길리기아의 다소 출신으로 이방 지역과 문화를 잘 알았고, 율법과 헬라어에 능통했으며, 태어날 때부터 로마 시민권자였다. 어쩌면 바울은 당시 유대 사람 중에 이방 선교에 가장 적합한 인물이었는지도 모른다.

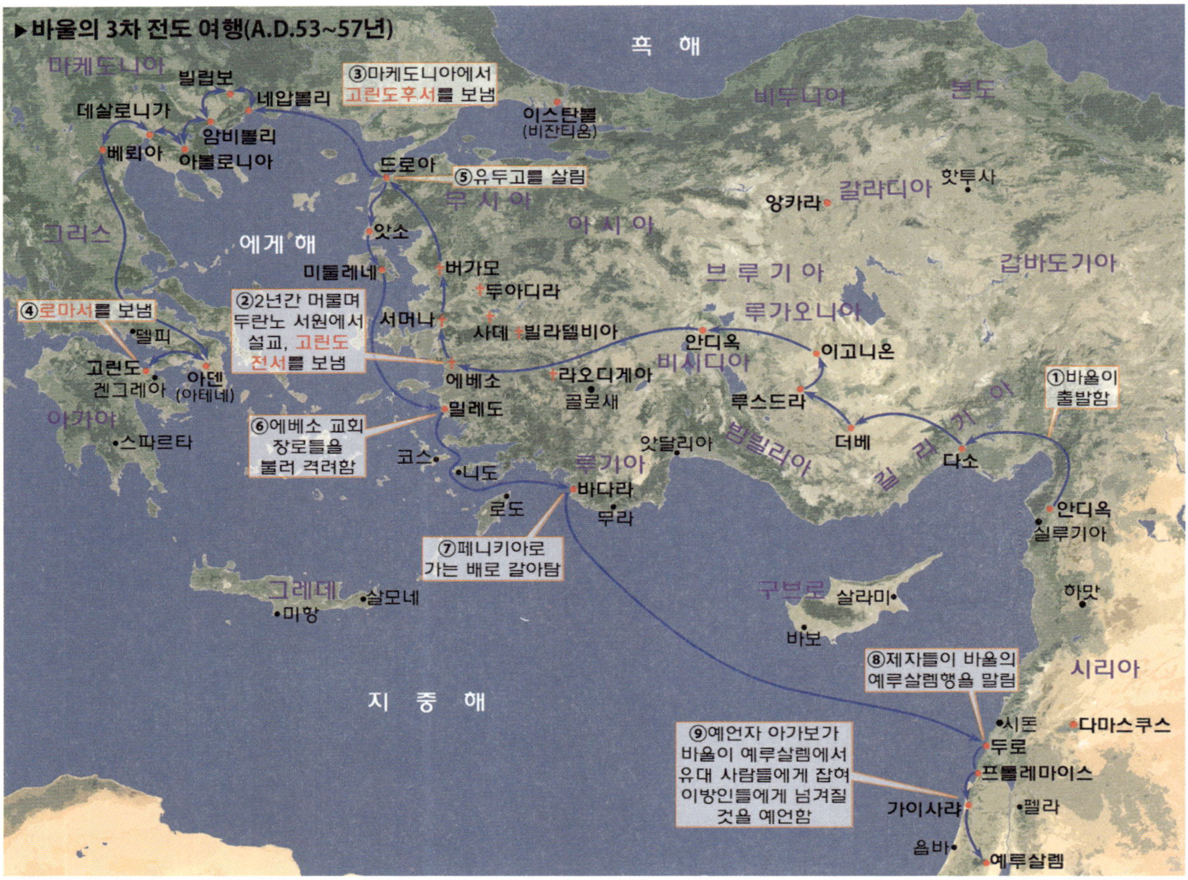

사도행전 : 18장 23절~21장 17절 | **고린도후서** : 7장 6절

바울의 3차 전도 여행은 2차 전도 여행 때와 경로가 비슷하다. 이전에 복음을 전파했던 곳을 다시 돌아보며 교회의 기반을 굳건히 세우는 것이 목적이었기 때문이다. 특히 상업과 무역의 중심지였으며 종교 도시였던 에베소의 두란노 서원에서 2년간 머물면서 소아시아 지역의 교회를 개척했는데, 요한계시록의 일곱 교회는 이때 세워졌다.

고린도에 도착한 바울은 2차 전도 여행 때처럼 배를 타고 돌아올 계획이었지만 유대인들이 배에서 바울을 죽이려 한다는 음모를 알게 되어 육로를 통해서 돌아가게 된다.

두로에 도착한 바울은 제자들이 예루살렘행을 만류함에도 길을 떠난다. 그는 가이사랴에서 빌립의 집에 머물고 있는데 예언자 아가보가 와서 바울이 유대 사람들에게 잡혀 이방인들에게 넘겨질 것이라고 예언한다. 바울은 그 모든 것을 주의 뜻에 맡기고 예루살렘행을 강행한다. 바울은 자신이 로마로 가야 한다는 것(롬 15:20)을 이미 알았을 것이다. 예루살렘에 도착하자 유대 사람들이 바울을 죽이려고 소동이 일어났다. 로마 군대는 바울을 체포해 데려간다. 로마군은 로마 시민인 바울을 어찌할 수 없어, 군대로 호송해서 당시 총독이 있던 가이사랴로 보낸다. 바울은 유대 사람들의 끈질긴 위협 속에서 2년간 감금되었다가 로마에서 재판을 받기 위해 로마로 보내진다. 로마에 도착한 바울은 비교적 자유로운 구금 상태에서 많은 사람에게 복음을 전파하다가 2년 후 출옥한다.

A.D.64년, 로마에 큰 화재가 발생하여 민심이 흉흉해지자 로마 황제 네로는 화재 사건의 범인으로 기독교인을 지목하고 대대적인 기독교 박해를 시작했다. 그즈음 재차 투옥된 바울은 A.D.67년경 순교한 것으로 보인다. 그렇게 시작된 기독교 박해는 A.D.311년까지 오랫동안 이어졌으며, A.D.313년 로마 황제 콘스탄티누스가 '밀라노 칙령'을 발표하여 기독교의 권리 회복과 모든 사람의 신앙의 자유를 공식적으로 선포하면서 막을 내리게 된다.

▶바울의 로마행(A.D.59~62년)

사도행전 : 27~28장